www.ingramcontent.com/pod-product-compliance
Lightning Source LLC
LaVergne TN
LVHW010838051026
849532LV00007B/2750
* 9 7 8 9 3 6 9 0 8 0 2 4 3 *

زحمت

اور دوسرے ڈرامے

اظہر افسر

Zahmat aur doosre Draame *(Dramas)*
by: Azhar Afsar
Edition: October '2025
Publisher :
Taemeer Publications LLC (Michigan, USA / Hyderabad, India)

ISBN 978-93-6908-024-3

کتاب	:	**زحمت اور دوسرے ڈرامے**
مصنف	:	**اظہر افسر**
صنف	:	ڈراما
ناشر	:	تعمیر پبلی کیشنز (حیدرآباد، انڈیا)
سالِ اشاعت	:	۲۰۲۵ء
صفحات	:	۹۶
سرورق ڈیزائن	:	تعمیر ویب ڈیزائن

فہرست

انتساب

اپنے ان غُنچوں کے نام
جو بِن کِھلے مرجھا گئے

تعارف

اظہر افسر کسی تعارف کے محتاج نہیں ہیں کیوں کہ بچوں کے لئے تفریحی اور معلوماتی مضامین اور کہانیاں لکھنے والوں میں انھوں نے کئی سال قبل ہی خاص امتیاز حاصل کر لیا تھا اور اُن کی تحریریں "بھائی جان" کے نام سے حیدرآباد کے روزنامہ "میزان" اور دوسرے اخبارات اور رسالوں میں چھپ کر اس درجہ مقبول ہوئیں کہ ان کی خوبیوں اور افادیت کی سفارش کرتے ہوئے بابائے اردو مولوی عبدالحق نے لکھا تھا۔

"میرا خیال ہے بچوں کے لئے پریوں اور شہزادوں کی کہانیوں سے ہٹ کر اگر نیا اصلاحی ادب کبھی معراج پر پہونچے تو اُسکا سہرا بچوں کے اُن بھائی جان (یعنی اظہر افسر) ہی کے سر ہوگا۔"

یوں تو نثر نگاری سے اظہر افسر کو اُن کی طالب علمی کے زمانے ہی سے دلچسپی رہی ہے لیکن پچھلے چند سال سے آل انڈیا ریڈیو حیدرآباد کی ملازمت اختیار کر کے انھوں نے جیسے اپنے آپ کو اُس کے صداخانے (اسٹوڈیوز) میں بند رکھا ہے اور ملک کے حالات کی رفتار کے مطابق دیئے ہوئے موضوعات پر معلوماتی خاکے اور فیچر پروگرام لکھنے اور ریڈیو پر پیش کرتے رہتے ہیں۔ اسی قسم کے چودہ فیچر جو جو ریڈیو کے لئے لکھے گئے تھے اور جن میں سے بیشتر ایک سے

زیادہ بار نشر ہو چکے ہیں اور اسکولوں اور کالجوں کے اسٹیج پر بارہا پیش کیے جا چکے ہیں، اس مجموعے میں شریک ہیں، بلحاظ موضوعات یہ فیچر تین قسم کے ہیں اور ان کا تعلق "قومی تعمیر اور یکجہتی" ادبیات اور ادبی شخصیتوں" اور سماج سدھار" سے ہے

قومی تعمیر سے متعلقہ خاکوں میں" صدائے جاوداں" "جوئے حیات" "دھرتی کا سورگ" "تعبیر آرزو" اور "رات کا کھانا" شامل ہیں، جن میں پنڈت نہرو کی عظمت اور آزاد ہندوستان کے تعمیری کارناموں اور مقامی ضروریات اور صرفیات سے متعلقہ معلومات پیش کی گئی ہیں۔

ادبیات اور ادبی شخصیتوں سے متعلق ریڈیو ڈراموں میں "سانولی" قلی قطب شاہ کے معاشقے سے متعلق ہے اور" غالب" "ذوق" اور "صاحب جی" (مومن کا معاشقہ) ان باکمالوں کی زندگی کے دلچسپ پہلوؤں پر روشنی ڈالتے ہیں۔

"مراۃ العروس" اور "امراؤ جان ادا" نشری روپ میں غیر معمولی ایجاز اور اختصار کے باوجود دلچسپ اور موثر ہیں " زحمت" نامی ریڈیو ڈراما سماجی زندگی کے ایک کمزور پہلو کو بہ نظر اصلاح نمایاں کرتا ہے اور بہت دلچسپ اور موثر انداز میں لکھا گیا ہے اس ریڈیو تمثیل میں بے شخصیت آوازوں کی جگہ افراد اسٹیج پر لائے گئے ہیں اور مصنف کی تخلیقی توانائی اور ادبی ذوق بھی

اس کی ترتیب میں کارفرما نظر آتا ہے۔

اظہر افسر کا پورا نام مرزا اظہر جان بیگ جانِ جاناں ہے ان کے خاندان کا تعلق مرزا مظہر جان جاناں شہیدؒ سے ہے اور اس طرح ان کو صحیح ادبی ذوق ورثہ میں ملا ہے۔ افسر صاحب کل ہند معیاری زبان لکھتے ہیں انھوں نے اُردو ادب اور اُس کی تاریخ سے بھی مواد حاصل کیا ہے لیکن اُن کے بیشتر موضوعات کا تعلق عصرِ حاضر اور ہمارے موجودہ معاشی سماجی اور سیاسی ماحول سے ہے۔

یہ دور بامقصد ادب کا ہے اور جیسا کہ اس مجموعہ کے مطالعہ سے ظاہر ہوگا اظہر افسر صحیح قومی جذبہ رکھتے ہیں اور مفید مطلب معلومات کی کارگر اشاعت اور پرچار کے گُر سے اُن کو اچھی واقفیت ہے۔ انھوں نے اِن ریڈیو ڈراموں میں آوازوں کی مدد سے کام کی باتیں بیان کی ہیں۔

اس قسم کی تحریروں میں جو آپ آئے دن ریڈیو پر سُنتے ہیں نہ پلاٹ کی گنجائش ہوتی ہے اور نہ کردار نگاری کی تمہید، گریز، ماحول آفرینی، نقطۂ عروج کی تشکیل اور اختتام کے اہتمام کی بھی وقت کی کمی کی بنا پر گنجائش نہیں ہوتی۔ موضوع اور مواد کی فرمائشی نوعیت وقت کی تنگی اور فنی اسباب کی بنا پر پیش کش کے اسلوب کی پابندیوں کے باوجود اظہر افسر ریڈیو سُننے والوں تک

اپنا پیام موثر طور پر پہنچاتے میں کامیاب رہتے ہیں۔ جو اس امر کا ثبوت ہے کہ انھیں نشریات کی فنی ضروریات پر کافی عبور حاصل ہوگیا ہے ان کے فیچر اپنے مقصد میں نہایت کامیاب ہیں، ان میں کہیں کوئی ایسا خیال یا تصوّر پیش نہیں کیا گیا جو سننے والے کی توجہ کو اصل موضوع سے ہٹانے کا سبب بن سکے۔ اس لحاظ سے اظہر افسر ریڈیو کے لیے لکھنے والوں کی صف اول میں ممتاز نظر آتے ہیں۔

ڈاکٹر زور مرحوم کا ادارۂ ادبیات اُردو قابل مبارکباد ہے کہ اُس نے اس مجموعہ کی اشاعت کا انتظام کیا۔ آج سے کوئی پچیس سال پہلے صاحبزادہ میکش مرحوم کے نشری غنائیوں کا مجموعہ "کاغذ کی ناؤ" بھی اسی ادارے کی جانب سے شایع ہوا تھا۔

میر حسن

"شاداب" راج بھون روڈ

حیدرآباد ۴ ۸ر مارچ ۱۹۶۶ء

جوئے حیات

افراد:۔ ڈالی .... جان .... ڈیڈی
سردار .... پنڈت .... مولانا

(پسِ منظر آبشار کا ہلکا شور۔ بانسری کی تانیں)

جان : ڈالی
ڈالی : ہاں
جان : ڈالی
ڈالی : ہوں
جان : کیا سوچ رہی ہو؟
ڈالی : سوچتی ہوں یہی وہ نہر کا کنارہ ہے جہاں ہماری پہلی ملاقات ہوئی تھی۔
جان : ہاں پہلی ملاقات'۔
ڈولی : میں اپنی سہیلیوں شاردا اور کسم کے ساتھ پکنک پر آئی ہوئی تھی'۔
جان : اور میں تیتروں کی تلاش میں بندوق لئے گھوم رہا تھا۔
ڈالی : شاردا کھانے کے بعد تھرموس میں پانی ہونے کے باوجود اپنی شلوار اٹھائے اور اوڑھنی سنبھالے نہر سے پانی پینے کی کوشش کر رہی تھی کہ .....
جان : اُس کا پیر پھسلا اور وہ دھڑام سے (ہنستا ہے)

ڈالی : سچ جان اگر اُس روز تم نہ ہوتے تو شارداکی وہ آخری پکنک ہوتی۔

جان : پکنک؟ وہ اُس کی زندگی کا آخری دن ہوتا۔ اس قدر تیز دھارے میں بہی جا رہی تھی کہ خود میں حیران ہوں کہ میں نے اُسے کس طرح بچا لیا۔

ڈالی : پھر دوسری ملاقات؟

جان : ریس کورس پر ہوئی۔

ڈالی : پہلے تو میں بالکل نہ پہچان سکی کہ یہ دوربین لئے مجھے گھورنے والا نوجوان کون ہے۔

جان : شاید اسی لئے تم جلدی جلدی میرے قریب آئیں۔

ڈالی : میں تو تم سے لڑنے آئی تھی۔

جان : لیکن لڑائی کے بجائے، ہم دونوں ہنسنے لگے۔

ڈالی : تم نے اُس دن لکی سیون کا ٹپ دیا تھا۔

جان : میں دل میں ڈر رہا تھا کہ ٹپ تو تمھیں دے دیا ہے، گھوڑا واقعی ساتویں نمبر ہی پہ رہ گیا تو کیا ہوگا۔

ڈالی : مگر وہ گھوڑا تو جیت گیا، سب سے آگے نکل گیا، سچ جان وہ میرا پہلا دن تھا جس دن میں نے ریس میں کچھ جیتا۔

جان : میرے لئے وہ پہلا دن تھا جس دن میں نے سب کچھ جیت لیا۔

ڈالی : پھر دوسرے ہفتے، شاردا کے ہاں اُس کی برتھ ڈے پارٹی پہ ہم ملے۔

جان : سارے مہمانوں کے رخصت ہو جانے کے بعد بھی (لمبا سانس لیتا ہے) ہم برآمدے میں بیٹھے آدھی رات تک باتیں کرتے رہے۔

ڈالی : ہوں۔

جان : اور پھر ۲ ڈسمبر پیر کی وہ سہانی صبح جس دن تمہارے ڈیڈی نے مجھے بلوایا۔

ڈالی : تم بڑے ڈر رہے تھے (ہنستی ہے) اوپر سے تو دم سادھے ہوئے تھے مگر میں دیکھ رہی تھی تمہارے گھٹنے بج رہے تھے، گھبراہٹ میں تم نے کافی کی ایک پیالی بھی گرا دی۔

(پیالی کا چھناکا)

ڈیڈی : کوئی حرج نہیں، کوئی حرج نہیں، لو یہ دوسری پیالی لے لو۔

جان : جی وہ۔

ڈیڈی : بیٹھو، بیٹھو، اطمینان سے بیٹھو، موزوں کی نیکڑی کیسی چل رہی ہے۔

جان : جی چل رہی ہے، اچھی چل رہی ہے۔

ڈیڈی : مجھے ڈولی نے سب کچھ بتا دیا ہے، کوئی بات مجھ سے چھپی نہیں اگر ڈولی تمہیں پسند کرتی ہے اور تم ڈولی کو چاہتے ہو تو میں تم دونوں کی شادی پر رضامند ہوں، میں اُن لوگوں میں سے نہیں جو خواہ مخواہ پیار کے راستے میں حائل ہوتے ہیں۔ مگر اتنا ضرور کہوں گا کہ لاکھوں روپیوں کی جائیداد ہوتے ہوئے بھی مجھے ڈولی سب سے زیادہ عزیز ہے۔ کوئی میری ساری دولت لے لے، مجھ سے سب کچھ چھین لے مگر میری ڈولی کو کوئی دکھ نہ دے۔

جان : میں۔ جی میں۔

ڈیڈی : میں سمجھتا ہوں، میں سب سمجھتا ہوں، میں نے تمہیں ایک نظر میں پہچان لیا ہے کہ تم کیا ہو۔ ڈالی کی سہیلی شاردا نے مجھے تمہارے بارے میں تمہاری نیکڑی اور کاروبار کے بارے میں بہت کچھ بتایا تھا۔ مگر میرا اطمینان اُسی وقت ہو گیا جب میں نے تمہیں دیکھ لیا، میں نے تو تم سے یہ بھی نہیں پوچھا کہ تم کہاں کے رہنے والے ہو، تمہارا خاندان کیا ہے، ماں باپ کیا کرتے ہیں۔

جان: جی ہاں تو جب میں چھوٹا سا تھا وہ مرگئیں اور اب کوئی سات سال ہونے ہیں ڈیڈی مجھے اکیلا چھوڑ گئے۔

ڈیڈی: ٹھیک ہے، ٹھیک ہے، شاردا نے مجھے بتایا تھا کہ تمھیں یہاں موزوں اور اونی ٹوپیوں کی فیکٹری لگائے چھ برس ہوئے ہیں اور کام بڑے زوروں پر چل رہا ہے، ویسے کام زوروں پر نہ بھی چلتا تو مجھے فکر نہیں تھی بس فکر تھی تو (ہنستا ہے) تمھیں دیکھنے کی اور میں نے دیکھ لیا، لو مٹھائی تو کھاؤ۔

ڈالی: پتہ ہے ساری راہیں شاردا نے ہموار کی ہیں اسی نے ڈیڈی کو ہم خیال کیا ہے۔

جان: شاردا نے؟

ڈالی: ہاں ویسے ڈیڈی بالکل ناریل کی طرح ہیں، دیکھنے میں سخت اندر سے نرم اور میٹھے۔ میں تو سوچتی ہوں شاید ہم کبھی ایک دوسرے کے نہ ہو سکتے اگر شاردا نہ ہوتی۔

جان: یہ بھی تو کہو جو یہ نہر نہ ہوتی۔

ڈالی: (ہنستی ہے) ہاں بھئی سچ ہے اگر شاردا اس نہر میں نہ گرتی تو اسے بچاتا کون، اس نہر نے تو..........

جان: شاردا ہی کو نہیں مجھے بھی نئی زندگی دی ہے۔ اس دن تمھارے شاردا کے ساتھ چلے جانے کے بعد تمھارے ڈیڈی سے جو بات چیت میری ہوئی تمھیں اس کی خبر نہیں ہے۔

ڈالی: نہیں تو بالکل نہیں۔ کیا باتیں ہوئیں۔

جان: تمھارے جانے کے بعد وہ بولے۔

ڈیڈی: کافی اور پیو گے؟

جان ؛ جی نہیں ؛

ڈیڈی ؛ میں تو ایک پیالی اور پیوں گا (پیالی میں شکر گھلانے کی آواز) چھ سال پہلے کہیں اور کاروبار تھا تمھارا ؛

جان ؛ جی ہاں ڈیڈی کے مرنے کے بعد ہی میں یہاں آیا ہوں' اس سے پہلے الہ آباد میں دھاگے کی مل تھی ۔

ڈیڈی ؛ دھاگے کی مل' الہ آباد میں ؛

جان ؛ جی ہاں یہ مل میں نے ڈیڈی کے مرنے کے بعد بیچ دی' ڈیڈی کے بعد میرا دل کسی کام میں نہیں لگتا تھا۔ مہینوں اِدھر اُدھر مارا مارا پھرتا رہا' پھر ایک دوست کے مشورے پر یہاں آ گیا' اور اُس کے کہنے پر بلکہ یوں سمجھیے ضد کرنے پر میں نے پاتابوں کی یہ فیکٹری کھول دی ؛

ڈیڈی ؛ تمھارے ڈیڈی کا کیا نام تھا۔

جان ؛ الفریڈ جان۔

ڈیڈی ؛ جان ......

جان ؛ الفریڈ جان۔

ڈیڈی ؛ لمبا قد' کسی قدر مڑی ہوئی ناک' سانولی رنگت' چہرے پر چیچک کے داغ ؛

جان ؛ جی ہاں' جی ہاں' بالکل۔ آپ ڈیڈی سے مل چکے ہیں ؛

ڈیڈی ؛ (لمبا سانس لیتے ہوئے) میں نے تمھارے ساتھ ڈالی کے رشتے کی بات طے کر دی' میں نے اپنی زبان دے دی۔ اگر اس سے پہلے یہ بات معلوم ہو جاتی تو شاید میرا فیصلہ ڈگمگا جاتا اور ممکن تھا ....

جان ؛ میں سمجھا نہیں۔

ڈیڈی ؛ اب شاید سمجھانے کی کوئی ضرورت بھی نہیں ہے' اُن دنوں تم بہت چھوٹے

ہو گئے۔ یہ آج سے کوئی بتیس برس پہلے کی بات ہے میں نے الفریڈ کے ساتھ مِل کر روئی کا بزنس کیا تھا، کبھی الفریڈ میرا بڑا عزیز دوست تھا لیکن ایک دن جب مجھے الفریڈ کی بے ایمانی اور دغا بازی کا پتہ چلا تو میں بغیر حساب کتاب کئے الفریڈ سے کچھ پوچھے گچھے سارا کاروبار چھوڑ کر حیدر آباد چلا آیا۔ یہاں میں نے پھر سے اپنا کاروبار شروع کیا، پھر سے نئی زندگی شروع کی اور میرا بزنس جس حال میں ہے وہ تمھاری نگاہوں کے سامنے ہے۔

جان: میں بہت شرمندہ ہوں۔ میں.......

ڈیڈی: شاید بعض لوگ صرف اس لئے پیدا ہوتے ہیں کہ وہ اپنی زندگی کی ساری کمائی وقفہ وقفہ سے لوگوں کے سپرد کر دیں، آج میں پھر اپنی ساری دولت تمہارے سپرد کر رہا ہوں۔

جان: ڈالی:

ڈالی: ہوں۔

جان: میں نے اداس ہو کر اپنا سر جھکا لیا۔ مگر تمھارے ڈیڈی نے ایک قہقہہ لگایا پھر پیٹھ تھپکتے ہوئے مجھے گلے سے لگا لیا اور بولے ــــ

ڈیڈی: ارے اس میں اُداس ہونے کی کیا بات ہے، میری زندگی کی سب سے بڑی آرزو یہی تھی کہ میری ڈالی کی شادی میرے پسند کئے ہوئے لڑکے سے ہو وہ آرزو تو پوری ہو گئی۔ میں نے شادی کی تاریخ بھی نکلوالی ہے۔ اِسی مہینے میں.........

جان: اِسی مہینے میں؟

ڈیڈی: ہاں اِسی ماہ کی بارہ کو شادی ہو جائے گی اور شادی کے فوراً بعد ہنی مون

کیلئے میں نے تم دونوں کے ورلڈ ٹور کا بھی انتظام کر دیا ہے۔

جان: ڈالی۔

ڈالی: ہوں۔

جان: کیا تم مجھے معاف کر دو گی؟

ڈالی: کیسی باتیں کر رہے ہو' آؤ گھر لوٹ چلیں'

جان: اتنی جلدی؟

ڈالی: دیکھتے نہیں چاروں طرف کس قدر اندھیرا بڑھ چکا ہے' باتوں باتوں میں خاصی رات ہو گئی ہے۔

جان: ہاں اندھیرا تو بہت ہے ڈالی آؤ اس طرف چلیں کچھ روشنی کی جھلک دکھائی دیتی ہے۔

ڈالی: اُس طرف؟

جان: ہاں۔ کوئی جھونپڑی ہے۔

ڈالی: جھونپڑی کے آگے کچھ لوگ آگ تاپ رہے ہیں۔ چلو۔

آبشار کا شور دور ہوتا ہوا ختم ہو جاتا ہے)

مولانا: حقہ کی گڑگڑاہٹ کے ساتھ) شاید ہی تاریخ کے صفحات پر ایسی بدترین مثال کوئی اور ملے کہ ایک ملک نے دوسرے ملک کی حکومت اور عوام کیساتھ دوستانہ اور برادرانہ تعلقات قائم رکھنے کی ہر ممکن کوشش کی ہو' اقوام عالم کی مجلسوں میں اپنے پڑوسی ملک کی حمایت اور وکالت کی ہو اور اسی ملک نے نیکی کے بدلے اُس کی پیٹھ میں خنجر گھونپ دیا ہو' اُسی کی زمین پر جارحانہ اقدام کر کے اپنا ناجائز قبضہ جما لیا ہو۔

پنڈت: کسی نے دوستی کی ہو یا دشمنی، جو ہو چکا سو ہو چکا، اب ہمارا ملک ہنگامی صورت حال

سے دوچار ہے۔ بڑے نازک دور سے گزر رہا ہے۔

سردار: یہ نازک دور بھی پنڈت جی ایک بے مثال موقع ہے خطرے کی اس گھڑی میں ساری قوم ایک آواز ہو کر بیدار ہو چکی ہے ملک کے چپے چپے میں اتحاد، محبت اور اخوت کے جذبے مضبوط سے مضبوط ہوتے جا رہے ہیں۔

مولانا: ہاں سردار صاحب آج جب ہم نے اپنے دیش سے حملہ آوروں کو بالکلیہ نکال باہر کرنے کا عزم مصمم کر لیا ہے ہمارے فوجی بھائی نیا ولولہ نیا جوش لئے ملک کی سالمیت اور وقار کی حفاظت کی خاطر سرحد پر ڈٹے کھڑے ہیں۔

سردار: ہمارے کارخانے دار نفع خوری اور لالچ کو چھوڑ کر زیادہ سے زیادہ مال پیدا کرنے کی فکر میں ہیں۔

پنڈت: ہمارے کسان دن رات محنت کر کے زیادہ سے زیادہ اناج اگا رہے ہیں۔

سردار: نوجوان، مرد، بچے، بوڑھے دفاعی فنڈ کیلئے نقد رقم جمع کر رہے ہیں، عورتیں نہ صرف نیشنل والنٹیر ز رائفل میں حصہ لے رہی بلکہ مردوں کے ساتھ ساتھ شہری دفاعی تنظیموں میں بھی حصہ لے رہی ہیں۔

پنڈت: ان گنت گرہست عورتیں فوجی سپاہیوں کیلئے سویٹرز، موزے، اور دستانے بُن رہی ہیں، کمبل اور دوسرے گرم کپڑے جمع کر کے سرحد پر بھجوا رہی ہیں۔

مولانا: غرض پنڈت جی، جو جہاں ہے اپنے اُسی مقام کو فوجی مورچہ سمجھ رہا ہے اور اپنے کام میں تن من دھن سے جُٹا ہوا ہے۔

سردار: کیونکہ ہر شخص جانتا ہے مولانا کہ جو قوم ایسے ہنگامی حالات میں اپنا فرض بھول جاتی ہے۔ اپنا ملک اپنی آزادی اپنا وقار سب کچھ کھو بیٹھتی ہے۔

پنڈت: نہیں نہیں ہم اپنا فرض کبھی نہیں بھولینگے، ہمارے دیش کا بچہ بوڑھا جوان، مرد، عورت ہر فرد اپنے آخری قطرۂ خون تک اپنے دیش کی آزادی کی حفاظت کریگا۔

سردار : لیکن پنڈت جی اب جنگ صرف شجاعت کے بل بوتے پر نہیں اس کے ساتھ ہی سائنس کی ترقیوں کی بنیاد پر لڑی جاتی ہے اور ان بنیادوں کیلئے چاہیئے روپیہ، زیادہ سے زیادہ دولت، سونا۔

مولانا : ہمارے ملک میں جوش و خروش کی کمی نہیں کمی ہے تو سچ پچ دولت کی سونے کی اور نقد رقم کی۔

سردار : پنڈت جی اور مولانا، آپ برا نہ مانیں تو میں عرض کروں ہم لوگوں نے ڈیفنس فنڈ کیلئے جو کچھ جمع کیا ہے اس کا بیشتر حصہ چھوٹے اور غریب آدمیوں کی دین ہے، سمجھ میں نہیں آتا کیا کیا جائے۔

جان : آپ سچ کہتے ہیں مولانا اب بھی اس ملک میں ایسے بے شمار دولت مند موجود ہیں جو اپنے دیش کی سچی حالت سے بے خبر ہیں، سونے کا چمچہ منھ میں لیکر پیدا ہونے والے دھنوان اب بھی سونے کو اپنے سینے سے لگائے عیش و عشرت میں مگن ہیں۔

پنڈت : آپ : (قدموں کی چاپ)

جان : میرا نام پیٹر جان ہے۔ یہاں سے چھ میل دور میرا موزوں اور اونی ٹوپیوں کا ایک کارخانہ ہے یہ میری ہونے والی بیوی ڈالی ڈولفن ہے سیٹھ جیکب کی لڑکی۔

مولانا : آئیے آئیے کرسیاں تو ہمارے پاس ہیں نہیں یہ صاف چٹائیاں حاضر ہیں، بڑی خوشی ہوئی آپ دونوں سے مل کر آئیے۔

پنڈت : گرم ملی ہوئی کافی ہے، پیو گی بٹیا۔

ڈالی : جی نہیں، شکریہ۔

جان : لائیے میں ضرور پیوں گا۔ بڑی دیر سے ہم دونوں آپ سے قریب کھڑے

آپ کی باتیں سُن رہے تھے، مولانا ہم آپ لوگوں کے گنہگار تو ہیں۔

مولانا : جی نہیں یہ کوئی ایسی بات چیت نہیں تھی جس کا سُننا گناہ قرار پائے یہ باتیں تو آج ملک کے بچے بچے کو سُننی چاہئیں۔

پنڈت : لیجئے کافی لیجئے۔

جان : (چسکی لیتا ہے) لو ڈالی بہت مزیدار ہے۔ سردار صاحب، پنڈت جی، اور مولانا، آپ گواہ رہئے آج میں اپنی ساری فیکٹری ڈیفنس فنڈ کے حوالے کرتا ہوں، پہاڑی سے اس طرف نیچے میری کار کھڑی ہے وہ بھی میں یہیں چھوڑ جاؤں گا

ڈالی : جان ـــــــ؟

جان : ہاں ڈالی آج سے میں ایک نئی زندگی شروع کروں گا، پھر سے بزنس کروں گا، پھر سے روپیہ کماؤں گا۔ آج تک جو کچھ میں نے کمایا ہے سب اپنے ملک اور دیس کی نذر کرتا ہوں، تمہارے ڈیڈی نے دو مرتبہ نئی زندگی شروع کی تو کیا میں ایک مرتبہ بھی اپنی زندگی کی آزمائش میں کامیاب نہیں اُتر سکتا۔

ڈالی : (سسکیاں لیتی ہے)

جان : ڈالی۔ تم رو رہی ہو۔

ڈالی : میں رو نہیں رہی ہوں جان میں نے تمھیں جس قدر اچھا سمجھا تھا تم اُس سے بھی کہیں زیادہ اچھے نکلے ـــ

میں بھی اپنے سارے زیور، اپنی ساری جائیداد، ساری دولت، ملک کی آزادی کی حفاظت اور وقار کیلئے لڑنے والے دلیر جوانوں کے حوالے کرتی ہوں۔

جان : ڈالی۔ میں ....

ڈالی : میں نہ کہو جان۔ کہو ہم، ہم دونوں، ہم دونوں آج سے ایک نئی زندگی شروع کریںگے، بالکل نئی۔ سچ جان، زندگی وہ نہیں تھی جو آج تک میں نے بتائی، وہ ہے جو آج سے بتاؤں گی، میں نہیں جانتی تھی کہ میری زندگی کا دھارا کبھی ایسا نیا موڑ لے گا، یہ میری خوشی کے آنسو ہیں، سردار صاحب، پنڈت جی، اور مولانا، آپ سب ابھی ہمارے ساتھ چلیں، ہم سب کچھ ابھی آپ کے حوالے کئے دیتے ہیں. آئیے چلیئے۔

(طرب انگیز ساز)

عید کا پان

افراد:— فرید .... جمیل
خاتون .... پانی والا

(ریلوے پلیٹ فارم کا شور —)

پانی والا: پانی — پانی — چائے — گرم چائے — گرم چائے۔

فرید: اے چائے والا۔

پانی والا: ہاں صاحب کتنے کپ چائے۔

فرید: ذرا اس پانی والے کو آواز دینا بھی جانے کہاں نکل گیا دکھائی ہی نہیں دیتا۔

پانی والا: صاحب میں ہی پانی والا ہوں۔

فرید: تم پانی والے ہو۔

پانی والا: جی ہاں۔

فرید: تم تو ابھی ابھی چائے کی آواز لگا رہے تھے۔

پانی والا: دونوں چیزیں میرے پاس ہیں صاحب، پانی بھی ہے چائے بھی، کہیے تو دودھ بھی دیدوں۔

فرید: اس تھرموس میں پانی دیدو بس۔

پانی والا: اور چائے صاحب؟

فرید: لو اس تھرموس میں تین کپ چائے دیدو۔

پانی والا: چار دیدوں صاحب، آگے اچھی چائے نہیں ملے گی۔

فرید: تھرموس میں چار نہیں آئینگی۔

پانی والا: آجائے گی صاحب، میں ڈال دیتا ہوں چار کپ۔

فرید: اچھا ڈال دو۔

پانی والا: لیجیے صاحب۔

فرید: ارے یہ کیا کر دیا بھی پانی کے تھرموس میں چائے اور چائے والے تھرموس میں پانی بھر دیا تم نے۔

پانی والا: سوری صاحب۔

فرید: لو پیسے لو۔

پانی والا: پانی چینج صاحب؟

فرید: رہنے دو۔

پانی والا: سلام صاحب۔

فرید: اور کتنی دیر ٹھہرتی ہے گاڑی یہاں۔

پانی والا: بس اب چھوٹنے گی صاب، گارڈ ہری بتی دکھا رہا ہے۔

(ٹرین اسٹارٹ ہوتی ہے)

(ٹرین کی آواز ابھر کر پس منظر جاری رہتی ہے)

فرید: اوفو — یہ سفر بھی وحشت ناک ہوگیا، کیا سوچا تھا اور کیا ہوگیا۔

جمیل: کیوں صاحب کیا بات ہوگئی؟

فرید: آپ؟

جمیل : آپ کا نیا ہمسفر۔

فرید : شکر ہے خدا کا، اپنے سوا کسی اور مسافر کی اس ڈبے میں صورت تو نظر آئی۔ میں تو تنہا سفر کرتا کرتا بور ہو چکا تھا ـــــ آپ کی تعریف؟

جمیل : مجھے جمیل کہتے ہیں۔

فرید : بستر آپ کھول رہے ہیں تو پتہ چلتا ہے کہ آپ کا سفر طویل ہے۔

جمیل : جی ہاں میں حیدر آباد جا رہا ہوں ـــــ اور آپ۔

فرید : اچھا ہے صبح تک آپ کا ساتھ رہے گا، میں بھی حیدر آباد جا رہا ہوں۔

جمیل : صبح شاید کوئی ساڑھے آٹھ بجے گاڑی حیدر آباد پہنچتی ہے۔

فرید : جی نہیں، سات بجے، اس وقت نو بجے ہیں ـــــ اگر کوئی حادثہ نہ پیش آیا تو اب سے دس گھنٹے بعد ہم حیدر آباد میں ہوں گے۔

جمیل : کل صبح عید ہے، آپ چاہیں تو گھر پہنچکر عید گاہ میں نماز ادا کر سکتے ہیں۔

فرید : (ہنستا ہے) میرا ارادہ یہی ہے کہ گھر پہنچکر پہلے تو خوب گرم پانی سے نہاؤں ساری تھکاوٹ دور کروں اور پھر سیدھے عید گاہ پہنچ جاؤں۔

جمیل : ضرور، ضرور۔ کشتِ اسلام ہو سر سبز مسلماں شاداب

صبح اُمیدِ الٰہی سحرِ عید رہے

فرید : آمین آمین۔ اِس سوٹ کیس کو بھی آپ اُوپر والے برتھ پر رکھدیں تو میں سمجھتا ہوں ....

جمیل : جی ہاں، جی ہاں، ابھی، (لمبا سانس لیتا ہے) اے ـ ہہ (پھر ہاتھ صاف کرتا ہے) ہاں صاحب فرمایئے۔

فرید : کیا فرمائیں صاحب، دن میں تین بجے اس گاڑی میں سوار ہوئے تھے، یہ سوچ کر فرسٹ کلاس کا ٹکٹ لیا تھا کہ انٹر میں بڑی بھیڑ بھاڑ ہو گی،

فرسٹ کلاس کا سفر ہی آرام دہ رہے گا۔

جمیل: تو کچھ تکلیف ہوئی آپ کو اس ڈبے میں؟

فرید: نہیں صاحب کوئی تکلیف نہیں، تین بجے سے اب تک ایسی کھلی اور کشادہ جگہ ملی ہے کہ حد نہیں، سچ ہے جس طرح ہجوم پریشان کر دیتا ہے تنہائی بھی کچھ کم تکلیف دہ نہیں ہوتی، وقت گزارنے کیلئے ایک دو رسالے خریدے وہ بھی ختم ہو گئے۔

جمیل: لیجئے یہ دیکھئے۔

فرید: زادِ راہ کا عید نمبر (ہنستا ہے)

جمیل: جی ہاں۔ ٹائٹل پیج پہ کیا ہی عمدہ رباعی دی ہے۔

آئی ہے شبِ غم کی سحر عید مبارک — اب گاڈ کرے آپ کو سر عید مبارک
پبلک میں بڑی دھوم سے آیا ہے یہ گڈ ڈے — اب شنڈ لی ٹو یو مائی ڈیئر عید مبارک

فرید: (ہنستا ہے) خوب۔ ارے ارے یہ اتنے سارے عید کارڈ کیسے گر پڑے آپ کے سوٹ کیس سے۔

جمیل: اوہ جی ہاں، البم سے گرے ہیں۔

فرید: آپ تو بڑے خوش قسمت ہیں جناب، آپ کے نام تو بڑے عید کارڈ آتے ہیں۔

جمیل: جی نہیں یہ میرے نام آئے نہیں ہیں۔

فرید: تو پھر شاید آپ نے مختلف لوگوں کو بھیجنے کے لئے خریدے ہیں۔ مگر صاحب کل عید ہے اب تک تو آپ کو پوسٹ کر دینے چاہئے تھے؟

جمیل: ذرا اسے دیکھئے۔

فرید: پیاری پھوپی جان آداب! پچھلی عید سچ مچ کچھ عید تھی، آج میں آپ سے

ہزاروں میل دور یہاں پردیس میں بیٹھی ہوں، بے کس و لاچار ہوں۔
آپ وہاں ہیں، میں یہاں ہوں، ہوگی کسی کی عید ہماری کہاں کی
عید۔ آپ کی پیاری بھتیجی۔

جمیل: دیکھا آپ نے۔

فرید: لیکن بھائی یہ کارڈ بالکل سادہ ہے نہ لکھنے والے کے دستخط ہیں
نہ بھیجنے والے کا نام و پتہ۔

جمیل: ایسے سینکڑوں کارڈ آپ کو میرے سوٹ کیس میں ملینگے، یہ۔ یہ دیکھیے

فرید: بھئی خوب، لیکن میری سمجھ میں ایک بات نہیں آئی۔ آپ اپنے سوٹ کیس میں۔

جمیل: اتنے ڈھیر سارے عید کارڈ کیوں رکھتا ہوں میں۔

فرید: جی۔

جمیل: بات تو بالکل صاف ہے۔ یہ سب نمونے ہیں۔

فرید: نمونے کیا مطلب!

جمیل: سمپل ہیں، یہ سب ہماری کمپنی کے چھپے ہوئے عید کارڈ ہیں، اور میں اس
عید کے سیزن پہ مختلف شہروں میں عید کارڈز کا سیل کرکے لوٹ رہا ہوں،

فرید: تو آپ عید کارڈ ایجنٹ ہیں۔

جمیل: جی۔

فرید: خوب، کہیئے کیسا رہا اس بار آپ کا سیزن۔

جمیل: بہت عمدہ رہا۔

فرید: خیر صاحب کچھ ہوا ان رنگ برنگے عید کارڈوں کی بدولت، دعا کیلیے
ہاتھ اٹھائے چاند کی طرف دیکھتی ہوئی کئی مہ جبینیں تو ہمیشہ آپکی ہمسفر ہوتی ہیں۔

جمیل: (ہنستا ہے) فکر مت کیجیئے ہوسکتا ہے آگے کسی اسٹیشن سے سچ مچ کی کوئی

مہ جبیں ہم سفر ہو جائے۔

فرید : (قہقہہ لگاتا ہے) صاحب آپ نے شاید وہ نہیں سنا ـــ

تم خفا دشمن خفا اور دوست ہیں نا آشنا
کچھ انوکھے رنگ کی ہم کو یہاں آئی ہے عید

جمیل : بیگم صاحبہ سے لڑائی معلوم ہوتی ہے۔

فرید : صاحب انھیں کو منانے کیلئے عید کے دن اپنے گھر پہنچنا ہے خط پر خط چلے آرہے تھے۔ پہلے خط میں بیگم صاحبہ نے لکھا۔

آرزو کیا شوق کیا اُمید کیا حسرتِ دیدار کیا اور دید کیا
آپ جب نظروں سے میری دور ہیں مُردہ دِل کیا اور اُس کی عید کیا

جمیل : واہ خوب۔

فرید : پھر دوسرے خط میں بیگم صاحبہ نے لکھا ہے :ـ

روئے انور کی تمھارے جس کسی کو دید ہے
وہ خوشاں قسمت ہیں اور ہر روز اُنکی عید ہے
کیا مسرت ہو بھلا میرے دِلِ مغموم کو!
عید کا ساماں نہ ہو جس میں وہ کوئی عید ہے

آخر جب یہ شعر ملا ـــ

جب تم نہیں تو کیا کریں ہم اہتمام عید
بس دور ہی سے لے لو ہمارا سلام عید

اور نامہ آگیا تو گھر کا ارادہ کرنا ہی پڑا۔

جمیل : تو گویا مہ عید کے دن سب ملیں گے اپنے اپنے یار سے
ہم گلے مِل مِل کے روئیں گے در و دیوار سے ۔

فرید ؛ (لمبا سانس لیتا ہے) بھائی صاحب سے
اگلے وقتوں میں عید ہوتی ہے اب تو اک رسم یہ پرانی ہے
جمیل ؛ ہم تو بس یہ دعا دیتے ہیں صاحب :۔
بیوی والوں کو ہو مبارک عید گورے کالوں کو ہو مبارک عید
بچے بالوں کو اور بوڑھوں کو سسرے سالوں کو ہو مبارک عید
فرید ؛ خوب بہت خوب۔
جمیل ؛ شاید کوئی اسٹیشن آرہا ہے۔
فرید ؛ جی ہاں۔
(ٹرین آہستہ آہستہ رکتی ہے، پلیٹ فارم کا شور)
ع1 ؛ سنترہ، سنترہ، میٹھا سنترہ۔
خاتون ؛ کیا میں۔ میں۔
جمیل ؛ ضرور ضرور آئیے، اے قلی سامان اندر رکھ دو۔
خاتون ؛ جی میرے ساتھ کوئی سامان نہیں، صرف یہ سوٹ کیس ہے۔
فرید ؛ آئیے آئیے جلدی آجائیے، گاڑی چلنے لگی ہے۔
جمیل ؛ لائیے سوٹ کیس مجھے دیجئے۔
خاتون ؛ اوہ ۔ شکریہ۔ یہاں تو کافی جگہ ہے۔
فرید ؛ جی ہاں بس یہی شکایت ہے۔
خاتون ؛ شکایت (ہنستی ہے) آپ کہاں تشریف لے جا رہے ہیں۔
فرید ؛ حیدرآباد۔
جمیل ؛ حیدرآباد ہے وطن اپنا — آپ کہاں تشریف لے جا رہے ہیں۔
خاتون ؛ میں حیدرآباد سے کچھ پہلے اتروں گی۔

جمیل : لائیے میں آپ کا سوٹ کیس اوپر برتھ پر رکھ دوں۔
خاتون : نہیں نہیں آپ کیوں تکلیف کرتے ہیں۔
جمیل : اس میں تکلیف کی کیا بات ہے۔
خاتون : شکریہ۔
فرید : یہ کتاب کیسی ہے آپ کے ہاتھ میں؟
خاتون : کتاب (ہنستی ہے) جی یہ کتاب نہیں ہے، یہ تو۔
فرید : یہ تو۔
خاتون : پاندان ہے، پان کھائیے گا۔
فرید : جی نہیں میں پان نہیں کھاتا، بالکل نہیں۔
خاتون : اور آپ۔
جمیل : آپ مجھے بد ذوق ضرور کہیں گی، اتفاق سے میں بھی پان کا عادی نہیں ویسے ذرا سی چھالیہ دیدیجئے۔
خاتون : لیجئے۔
جمیل : شکریہ
خاتون : الائچی لیجئے۔
جمیل : اوہ شکریہ، کل صبح، صبح عید ہے، عید کی پیشگی مبارکباد قبول فرمائیے۔

ہے مہ نو آسماں پر اب نمایاں عید کا　　کر رہا ہے شوق سے ہر ایک ساماں عید کا
عرض کرتا ہے یہ بندہ بھی نہایت شوق سے　　کیسا یہ دن ہے مبارک بندہ پرور عید کا

خاتون : ارے صاحب ؎

ہم کو گلشن میں گلوں کی دید کیا
ہم مسافر ہیں ہماری عید کیا

۱۱۰

فرید ÷ واہ محترمہ خوب۔

خاتون ÷ یہ تو فرمایئے آپ نے روزے بھی رکھے۔

جمیل ÷ جی جی وہ میں کیا عرض کروں، کاروبار اور مصروفیت کی وجہ سے اس سال کچھ۔

خاتون ÷ اور محترم آپ۔

فرید ÷ الحمدللہ، پورے روزے ہوئے ہیں، صرف ایک چھوٹ گیا۔

خاتون ÷ کہیں مرزا غالب کی طرح تو نہیں کہ حضور ایک روزہ نہیں رکھا۔

فرید ÷ (ہنستا ہے) جی نہیں، جی نہیں۔

خاتون ÷ تو پھر سچ پوچھے تو عید آپ کی ہے۔

اچھے سال آئی ہے روزِ سعید عید
باغِ جہاں میں شور ہے ہر سمت عید عید

فرید ÷ (دُہراتا ہے) باغِ جہاں میں شور ہے ہر سمت عید عید

خاتون ÷ مقبولِ بارگاہِ خدا روزے ہو گئے
اے روزہ دارو روزوں کی ہے یہ رسید عید

جمیل ÷ واہ واہ واہ رسید کی اچھی کہی، واقعی عید اللہ میاں کی طرف سے روزوں کی رسید ہے۔

فرید ÷ خوب۔

جمیل ÷ پیشِ نظر ہے جلوۂ روئے نگار عید

خاتون ÷ دِل میں سرورِ عید ہے سر میں خمار عید

فرید ÷ بعدِ دوگانہ دِل سے نکلتی ہے یہ دعا
یارب ہو مومنوں کو مبارک بہار عید — کیوں جمیل صاحب۔

جمیل : خوب بہت خوب، کیا عمدہ شعر آپ نے سُنایا ہے۔ ٹھہریے، میں ذرا اسے لکھ لوں، کم سے کم آئندہ سال کمپنی کے کام آئے گا۔

خاتون : کمپنی کے کام۔

جمیل : جی ہاں فائن عید کارڈ پرنٹنگ کمپنی بھینڈی بازار بمبئی۔

فرید : آپ عید کارڈ کمپنی کے ایجنٹ ہیں۔ کافی بزنس کر کے لوٹ رہے ہیں۔

خاتون : لیجئے کچھ شعر مجھ سے بھی سن لیجئے شاید آپ کی کمپنی کی میں بھی کوئی خدمت کر سکوں۔

جمیل : ضرور ضرور۔

خاتون : ہوں ہوں (جیسے یاد کر رہی ہو) ہاں لکھئے ۔

تہنیت عید کی لکھتا ہوں تو رشک آتا ہے
میں نہ پہنچوں درِ دولت پہ مرے پہنچے یہ کارڈ

فرید : واہ، واہ خوب۔

جمیل : کسی نے یہ شعر بھی خوب لکھا ہے صاحب،

یاد آتا ہے کسی کا ہنس کے یہ کہنا کہ آج
دوست تم مِل لو گلے دل کھول کر آئی ہے عید۔

فرید : ہاں عید کے دن شکوہ جور و جفا جاتا رہا۔
تم گلے سے مِل گئے سارا گِلہ جاتا رہا

خاتون : پوچھتے ہیں وہ مجھ سے عید کے دن،
کہو کیا مِل گیا گلے مل کے

فرید : گِلہ نہ کیجئے گا تو گلے کا ایک شعر ہمیں بھی یاد ہے۔

خاتون : وہ کیا؟

فرید: عید آئی ہے تو کیونکر جانئے آئی ہے عید۔
وہ گلے ملتے تو ہم بھی جانتے آئی ہے عید

جمیل: واہ کیا کہنے ہیں۔ خوب ؎ یوں ہوئی عید تو کیا عید تو ہاں جب ہوتی
کہ گلے میرے وہ آکر مرا پیارا ملتا

خاتون: ہر شب شب برات ہے ہر روز روزِ عید۔
سوتا ہوں ہاتھ گردنِ مینا میں ڈال کر

فرید: ہائے ؎ عید کے دن سب ملیں گے اپنے اپنے یار سے
ہم گلے مِل مِل کے روئینگے در و دیوار سے

جمیل: خدانخواستہ صاحب، خدانخواستہ، عید کے موقع پہ ایسی بُری فال نہ نکالیئے
ہاں یہ کہہ سکتے ہیں آپ کہ ؎
رہ گیا اپنے گلے میں ڈال کر باہیں غریب
عید کے دن جس کو غربت میں وطن یاد آگیا

خاتون: صاحب آپ نے وطن کی یاد دلائی تو سُنئے ؎
غم سے ہیں بے دم ہماری عید کیا بے وطن ہیں ہم ہماری عید کیا
اور وہ جو کہتے ہیں ؎
ہم کو دیارِ غیر میں کیا عید کی خوشی اہل وطن کو شوقِ مبارک بہار عید

فرید: بے شک صاحب ؎
خبر عید سے کچھ مجھ کو خوشی ہے تو یہ ہے
کہ عزیزانِ وطن یاد کریں گے مجھ کو

خاتون: خوب بہت خوب۔

جمیل: لیکن صاحب ہم تو یہ سمجھتے ہیں ؎

ایرو ئے یار چاند ہے رُخ اُس کا عید ہے
جس دن نظر پڑے وہی روزِ سعید ہے

خاتون: کیا یاد کیجئے گا، ایک قطعہ کمپنی کے لئے اور لکھ لیجئے۔

جمیل: ارشاد ارشاد۔

خاتون: آج ہے جلوہ گر نگارِ عید ؛ باغِ عالم میں ہے بہارِ عید
گل و بلبل ہیں محوِ رازو نیازِ ؛ سب کی آنکھوں میں ہے خمارِ عید

فرید: یہ کیا کر رہی ہیں آپ۔

خاتون: جی پان کھا رہی ہوں، کیوں آپ تو کھاتے نہیں.

فرید: جی نہیں لیکن ابھی تو آپ ایک گلوری کھا چکی ہیں.

خاتون: جی ہاں میں ذرا پان زیادہ کھاتی ہوں۔

فرید: ذرا زیادہ کیا۔ کہنا تو نہیں چاہیئے لیکن آپ پھر بھی بہت زیادہ کھاتی ہیں۔

خاتون: (ہنستی ہے) کیا عرض کروں، کچھ لت سی ہو گئی ہے۔ اب تو میں نے بہت کم کر دیئے ہیں پھر بھی دو سو پان خرچ ہو جاتے ہیں۔

جمیل: د — دو — دُو سو؟

خاتون: ج - جی ہاں۔ کیسے کیسے چھوڑنا چاہتی ہوں لیکن چھوڑ نہیں سکتی شاید اس کی وجہ یہ ہے کہ

جمیل: کہ۔

خاتون: سنتی ہوں میری نانی جان نے گھٹی میں بھی مجھے پان کھلایا تھا۔

فرید: ایک پل ذرا رک جائیے۔ پہلے چائے پی لیجئے پھر پان کھا لیجئے.

خاتون: چائے. آپ کے ساتھ ہے؟

فرید ÷ جی ہاں'

خاتون ÷ تو پھر ضرور چائے سے انکار کرنے والوں کو میں چاہے کچھ اور کہوں یا نہ کہوں' چاہ میں ضرور ڈھکیل دینا چاہوں گی۔

فرید ÷ (تھرموس سے چائے انڈیلتا ہے) لیجیے۔

جمیل صاحب لیجیے۔

جمیل ÷ شاید کوئی اسٹیشن آرہا ہے۔

خاتون ÷ آرہا ہے. نہیں صاحب گزرتا جارہا ہے۔

فرید ÷ ارے صاحب کتنے ہی اسٹیشن آئے اور چلے گئے۔

جمیل ÷ تو ہمیں اپنی باتوں میں پتہ ہی نہیں چلا کہ کتنا وقت اور کتنا سفر کٹ گیا۔

خاتون ÷ جی۔ یہ ٹھنڈی ٹھنڈی ہوا' مل کر الگ الگ ہونے والے' ناؤ یہ بجاتے ہوئے تار کے کھمبے اور درخت' قریب آکر دور ہوتی ہوئی جھونپڑیاں' دھندلی روشنی میں سفید چمکدار پٹریوں پر ٹرین کی متوازن آواز......

جمیل ÷ (اسی طرح ڈوب کر) اور آپ کا ساتھ ــــ

حوریں جنت کو مبارک ہوں فلک کو تارے

دنیا کو عید مبارک ہو ہمیں یہ ساعت

خاتون ÷ اب تو چائے کے بعد آپ پان ضرور کھائیں گے۔

جمیل ÷ جی۔

فرید ÷ میں نے آج تک تو........

خاتون ÷ عید کا پان سمجھ کر کھا لیجیے میں خاص طور پر آپ حضرات کے لیے یہ پان تیار کر رہی ہوں۔

جمیل ÷ جی شکریہ۔

خاتون: لیجئے عید کا پان لیجئے۔

فرید: شکریہ۔

خاتون: عید مبارک ہو۔

فرید: آپ کو بھی عید مُبارک۔

جمیل: دُنیا کو عید مبارک ہو ہمیں یہ ساعت۔

(آواز نشیلی ہوتی جاتی ہے)

حوریں جنت کو مُبارک ہوں، فلک کو تارے
دُنیا کو عید مُبارک ہو، ہمیں یہ ساعت

(ٹرین کی آواز اُبھرتی ہے) ______________

(آہستہ آہستہ ٹرین کی آواز کم ہوتی جاتی ہے)

فرید: (جماہی لیتا ہے) جمیل — جمیل صاحب۔

جمیل: ہاں —

فرید: ارے بھئی ایسی بھی کیا نیند، صبح ہو گئی اُٹھو، میں بھی ایسا غائب ہوا کہ کچھ ٹھیک نہیں۔

جمیل — لیکن سامان کہاں ہے؟

جمیل: سامان؟

فرید: بھئی میرا اور تمھارا سوٹ کیس کہاں ہے؟

جمیل: اوہ، صبح ہو گئی۔ بھئی عید مبارک،

فرید: عید مبارک مگر تمھارا عید کارڈوں کا البم کہاں ہے، سوٹ کیس کہاں ہے؟ اور وہ خاتون؟

جمیل: ہائے! میں لٹ گیا، میرے سوٹ کیس میں تو اس سیزن کی پوری رقم تھی۔

سات ہزار روپے جو میں مختلف شہروں کے دوکانداروں سے بِلوں کی وصولی کے بعد لا رہا تھا۔ ہائے میں لٹ گیا۔

فرید : میرا سوٹ کیس بھی تو غائب ہے، میری بیوی کی ساریاں، بچوں کے کپڑے۔ میں کیا گھر لے جاؤں گا؟

جمیل : یہ کہو کیا صورت لے کر گھر جاؤں گا میں، ہائے، یہ کاغذ کیسا ہے۔

فرید : کاغذ، پڑھو تو۔

جمیل : حضرات! بُرا نہ مانیئے، آپ دونوں صاحبین کے سوٹ کیس میرے پاس ہیں اب تک تو ناشاد و نامراد تھی لیکن اب عید، عید ہو گی، "عید مبارک" آپ کی ہم سفر۔

فرید : ہائے۔

جمیل : ہائے۔

(ساز)

(ٹرین وِسل دیتی ہوئی پر شور آواز سے گزرتی ہے)

(فیڈ آوٹ)

صدائے جاوداں

تاریخ ۲۷ مئی ۱۹۶۴ء
وقت سوا دو بجے دن

(لاونج میں خان، مومن اور مرزا لنچ کے بعد پیر پھیلائے صوفوں پر دراز تھے)

خان: کیا سوچ رہے ہو؟

مومن: کچھ نہیں۔

خان: کافی پیو گے؟

مومن: نہیں کچھ جی نہیں چاہتا۔

خان: مرزا۔

مرزا: ہوں۔

مومن: کیا بات ہے آج بڑے چپ چپ ہو، لو سگریٹ پیو۔

خان: کچھ نئے شگوفے نہیں سوجھے، طبیعت کیسی ہے۔

مرزا: طبیعت تو ٹھیک ہے۔

مومن: پھر؟

مرزا: جانے کیا بات ہے۔

خان: بدھ کی رات کے ڈرامے کا اسکرپٹ لکھ دیا؟

مرزا: ہوں وہ تو ہو گیا۔

خان: میں سمجھا اسی کے تھیم اور پلاٹ میں غرق ہو۔

مرزا : نہیں وہ تو میں نے کل ہی لکھ کر ٹائپسٹ کے حوالے کر دیا ہے۔

موہن : ارے یہ کیا ہو گیا۔

خان : کیا ہوا۔

موہن : عائشہ رو رہی ہے۔

خان : کیا بکتے ہو۔

موہن : وہ اِدھر ہی آ رہی ہے۔ عائشہ باجی کیا بات ہے۔

عائشہ : (بھرآئی ہوئی آواز میں) پرائم منسٹر۔

خان : پرائم منسٹر۔

عائشہ : شری جواہر لال نہرو ہمیں چھوڑ گئے۔

مرزا : کیا کہہ رہی ہو۔

عائشہ : ہاں ہاں ابھی خبر آئی ہے دو بجکر دس منٹ پر شری نہرو سورگباش ہو گئے۔

موہن : نہیں نہیں یہ کیسے ممکن ہے۔

عائشہ : دیا سے پوچھ لو۔

دیا : (روتی ہوئی آتی ہے) ہاں ہمارے پردھان منتری ہم سے بچھڑ گئے۔ ہمیشہ کیلئے۔ یہ خبر بالکل سچ ہے۔

مرزا : او خدا۔

موہن : وہ منگل کی شام اپنے چار روزہ دورے کے بعد ڈیرہ دون سے لوٹے تھے۔

خان : اور خبروں کی مطابق نہایت ہشاش بشاش نظر آرہے تھے۔

دیا : رات کھانے کے بعد سونے وقت بھی وہ چاق و چوبند تھے۔

عائشہ : آج صبح چھ بجے پھر دل کا دورہ پڑ گیا تھا، خفیف سا درد کمر میں محسوس کیا اور تھوڑی ہی دیر بعد وہ بے ہوش ہو گئے۔

دیا : اسی وقت ڈاکٹروں کو طلب کیا گیا۔ جنہوں نے مسلسل آٹھ گھنٹے تک اُن کی زندگی بچانے کی کوشش کی۔

عائشہ : ساڑھے گیارہ بجے تک شری نہرو کی حالت بے حد خراب ہوگئی اور پونے دو بجے سب مایوس ہو گئے اور۔ اور پھر (پھوٹ پھوٹ کر رونے لگتی ہے)

مرزا : یقین نہیں آتا۔ یقین نہیں آتا۔

موہن : ۲۷ مئی کا دن ہندوستان کی تاریخ میں سدا وہ منحوس دن مانا جائے گا جس نے جدوجہد آزادی کے عظیم سورما۔

خان : انسانِ کامل، فرشتۂ امن۔

عائشہ : نئے ہندوستان کے معمارِ اعظم۔

دیا : قومی ترقی و خوشحالی کی آبرو۔

موہن : شری جواہر لال نہرو کو ہم سے ہمیشہ ہمیشہ کے لئے چھین کر ساری دنیا کو سوگوار کر دیا۔

(مرزا دونوں باہوں میں چہرہ چھپا کر میز پر جھک جاتا ہے)

خان : ہزاروں سال نرگس اپنی بے نوری پہ روتی ہے
بڑی مشکل سے ہوتا ہے چمن میں دیدہ ور پیدا

(پسِ منظر دور کہیں گھڑیال گھنٹے بجاتا ہے)

موہن : آج سے کوئی ڈھائی سو برس پہلے کی بات ہے، ہندوستان میں شہنشاہ اورنگ زیب عالمگیرؒ کے انتقال کے بعد مغلیہ سلطنت کا زوال شروع ہو چکا تھا۔

خان : اور شاہ فرخ سیر ہندوستان کا فرمانروا تھا۔

موہن : ۱۷۱۵ء میں شاہ فرخ سیر نے اپنے کشمیر کے قیام کے دوران فارسی اور سنسکرت کے ایک عالم شری راج کول کا بڑا شہرہ سُنا۔

خان : اور ایک سال بعد ۱۷۱۶ء میں شاہ فرخ سیر ہی کے حکم سے شری راج کول کشمیر سے ترک وطن کر کے دِلّی آ گئے ۔

موہن : شاہ فرخ سیر نے جاگیر و عزت و اکرام کے ساتھ ایک وسیع مکان بھی عطا کیا۔

خان : یہ وسیع مکان ایک نہر کے کنارے واقع تھا ۔

موہن : اُسی مکان کی مناسبت سے شری راج کول نہرو کہلانے لگے ۔

(پس منظر مجمع کا شور اُبھرتا ہے)

خان : کچھ ہی عرصہ بعد بدامنی کا دور شروع ہوا تو مغلیہ دربار کے دوسرے اُمراء اور رُؤساء کی طرح نہرو خاندان نے بھی بڑے نشیب و فراز دیکھے ۔

موہن : عطا کردہ جاگیر گھٹتے گھٹتے بالکل ختم ہو گئی ۔

خان : شری راج کول نہرو کے فرزند لکشمی نارائن نہرو نے کمپنی سرکار میں ملازمت اختیار کر لی ۔

موہن : اور پھر اٹھارہ سو ستاون کے ہنگامے میں نہرو خاندان سے ہمیشہ کیلئے دِلّی چھوٹ گئی ۔

خان : شری جواہر لال نہرو کے دادا گنگا دھر نہرو اپنے اہل و عیال کیساتھ اپنی ساری املاک دِلّی میں چھوڑ کر آگرہ پہنچے ۔

وہاب : آگرہ ہی میں ۶ رمئی ۱۸۶۱ء کو شری موتی لال نہرو کا جنم ہوا ۔

خان : دنیا کی تاریخ اس امر کی شاہد ہے کہ جب قومیں غلامی کی زنجیروں میں پھنسکر اپنے فرائض سے غافل ہو جاتی ہیں ۔

موہن : تو خود بخود ان میں ایک ایسا رہنما پیدا ہوتا ہے جو غلامی کی ذِلّت و رسوائی سے نہ صرف خود نجات حاصل کرنا چاہتا ہے بلکہ اپنے پیچھے آنے والی ساری قوم کو آزادی کی راہ دکھاتا ہے ۔

دیا : تاریخ کا وہ سنہرا دن کبھی فراموش نہیں کیا جاسکتا جس دن ۱۸۸۹ء میں ۱۴/نومبر کا زرین سورج طلوع ہوا۔

موہن : اور شریمتی سروپ رانی نہرو کی گود غلامی کے نجات دہندہ آزادی کے رہنما اور فرشتۂ امن کی مسکراہٹ سے جگمگا اٹھی۔

عائشہ : ماں باپ نے اکلوتے چشم و چراغ کا نام جواہر لال رکھا اور عمدہ تعلیم و تربیت کیلئے ایک انگریز گورنس کو مقرر کیا۔

خان : جواہر جب گیارہ برس کی عمر کو پہنچے تو آپ کے لیئے ایک وسیع المشرب آئرش اُستانی اور کئی قابل اُستاد معمور کئے گئے۔

عائشہ : جن کی رہنمائی اور تربیت میں اس نونہال کے بلند و پاکیزہ مذاق کو پھلنے پھولنے کا خوب موقع ملا۔

دیا : ۱۹۰۵ء میں جبکہ آپ کی عمر صرف پندرہ سال تھی اعلیٰ تعلیم کیلئے آپ انگلینڈ روانہ ہوگئے۔

عائشہ : ۱۹۱۲ء میں آپ نے بیرسٹری کا امتحان کامیاب کیا اور الٰہ آباد میں پریکٹس شروع کردی۔

موہن : یوں تو شری نہرو نے قانون کے اعلیٰ امتحان کامیاب کر کے پریکٹس شروع کردی تھی لیکن انھیں پیشے سے زیادہ ملک کی سیاسی سرگرمیوں سے دلچسپی تھی۔

دیا : ۱۹۱۲ء میں آپ نے بانکی پور کے اُس سالانہ سشن میں شرکت کی جس کی صدارت شری آر۔ این مدھولکر کررہے تھے۔

موہن : لیکن آپ کو یہ جان کر افسوس ہوا کہ کانگریس صرف چند اونچے طبقے سے تعلق رکھنے والے انگلش زدہ افراد کی ایک مختص جماعت ہے۔

دیبا: لیکن اس سیشن میں جس شخصیت نے انھیں سب سے زیادہ متاثر کیا وہ شخصیت تھی راشٹر پتا مہاتما گاندھی کی۔

موہن: اس ملاقات کے بعد ہی آپ نے گرمی کی چلچلاتی دھوپ اور جاڑوں میں سرد راتوں کی پرواکئے بغیر ہندوستان کے بے شمار دیہاتوں کا دورہ کیا۔

دیبا: اور جگہ جگہ جلسے منعقد کرکے اپنے دلی خیالات کا پرچار شروع کردیا۔

موہن: عام طور پر اُن کی مخاطبت کچھ اس طرح ہوا کرتی تھی 'میرے بے بس اور مجبور کسانو' انگریز سرکار کی بدولت تعلقہ دار اور زمینداروں کی جانب سے ظلم وستم کا جو بے جا سلوک آپ کے ساتھ کیا جارہا ہے اس سے اب ہندوستاں ہی میں نہیں بلکہ ہندوستان کے باہر بھی اس ظلم کا چرچا ہورہا ہے اگر سوچا جائے تو انگریز سرکار کا یہ رویہ کچھ بے جا بھی نہیں' وہ کیوں' میں آپ کو سمجھاؤں' جب کوئی ایک فرد یا جماعت نے ایک دفعہ کسی دوسرے کے مال پر اپنا حق منوالیا اور پھر مدت تک اس حق سے فائدہ بھی اٹھایا تو اس ظالم کیلئے یہ ایک مشکل بات ہو جاتی ہے کہ وہ آسانی سے اپنا قبضہ اصلی حقدار کے نام منتقل کر دے، لیکن اب وہ وقت دور نہیں جب ظالم ومظلوم کا حساب کھرے طریقہ پر چکایا جائے گا' مجبور ہاتھ ظالم زمینداروں کی کلائیوں کو مروڑنے پر مجبور ہو جائینگے

(پس منظر شور، پولیس کی سیٹیاں بھگدڑ)

دیبا: ۱۹۲۱ء میں عوام کو بھڑکانے امن عامہ میں خلل ڈالنے اور حکومت وقت کے خلاف بغاوت کے الزام میں انگریز سرکار نے آپ کو گرفتار کرلیا۔

موہن: ۱۹۲۱ء سے ۱۹۳۶ء تک آپ کوئی سات مرتبہ جیل گئے۔

مرزا: لیکن جیل میں بھی آپ نے اپنا وقت بیکار نہیں بتایا۔ (چہرہ اوپر اُٹھاتا ہے)

آنکھیں آنسوؤں سے بھیگی ہوئی ہیں) نفسیات، فلسفہ اور دنیا کی مختلف قوموں کی تاریخ پر کوئی ایک ہزار کتابیں آپ نے جیل میں پڑھ ڈالیں۔

عائشہ: اگر یہ کہا جائے کہ جیل ہی کے ایام نے شری نہرو کے انداز فکر کو سنوارا اور پختہ کیا تو غلط نہ ہوگا۔

موہن: جیل سے رہائی کے بعد آپ نے سن ۱۹۲۷ء میں روس کا دورہ کیا۔

مرزا: واپسی پر آپ نے کانگریس کے سالانہ اجلاس میں شرکت کی اور ہندوستان کے چالیس کروڑ غلاموں کی ذہنی اور جسمانی آزادی کا سوال اٹھایا

موہن: ۱۹۲۸ء کے وہ ایام بھی تاریخ جدوجہد آزادی میں ہمیشہ یادگار رہینگے۔

خان: جب شری نہرو کی قیادت میں مجاہدین آزادی نے سائمن کمیشن کا بالکلیہ بائیکاٹ کیا۔

موہن: سائمن کمیشن ایک ایسا کمیشن تھا جو ہندوستان کی اُن دنوں کی حکومت کے آئین کی تحقیقات کے لئے قائم کیا جا رہا تھا۔

عائشہ: لیکن جس میں سب کے سب برطانوی سرکار کے نمائندے شامل تھے۔

موہن: سائمن کمیشن کے ذمہ یہ فرض سونپا گیا تھا کہ وہ ہندوستان پہنچکر ہندوستان کے دستور کے مطابق کوئی اٹل فیصلہ کرے کہ ہندوستان کہاں تک ایک ذمہ دار حکومت کے نظام کے اختیارات حاصل کرنے کا اہل ہے۔

(سمندری جہاز کا وسِل سنائی دیتا ہے)

مرزا: ۳ فروری ۱۹۲۸ء کو سائمن کمیشن نے ساحل بمبئی پر قدم رکھا۔

موہن: اور سارے ہندوستان میں شہر شہر قریہ قریہ مکمل ہڑتال کا اعلان ہوگیا

مرزا: انگریز سرکار ہندوستانی عوام کو حشرات الارض سے زیادہ اہمیت دینا شایان شان نہ سمجھتی تھی۔

موہن: انگریزیہ سرکار کے حکم سے پولیس نے جلسوں میں شرکت کرنے والوں اور ہڑتالیوں پر بے تحاشہ گولیاں چلائیں۔

(فائرنگ اور مجمعے کا شور سنائی دیتا ہے)

مرزا: جواہرلال بھی زخمی ہوتے سے نہ بچ سکے اور گرفتار کر کے جیل بھیج دیئے گئے۔

خان: دوسرے سال۔

موہن: ۱۹۲۹ء میں شری نہرو پہلی مرتبہ کانگریس کے صدر منتخب ہوئے۔

دیا: اور کانگریس کے اس سالانہ سیشن میں جو اُن دنوں لاہور میں منعقد ہوا تھا۔ سب سے پہلے آپ ہی نے ملک کی آزادی کا مطالبہ پیش کیا۔

عائشہ: ۱۹۳۲ء سے ۱۹۳۶ء تک متعدد بار انگریزیہ سرکار نے شری نہرو کو نمک ستیہ گرہ، خللِ امنِ عامہ، حکومت کے خلاف بغاوت، اور دیگر بے سروپا الزامات کے تحت جیل بھیجنے اور پھر سے رہا کرنے پر اپنے آپ کو مجبور پایا۔

مرزا: ایک دن جیل میں۔

موہن: آج ۱۴ نومبر ہے۔

خان: آپ کی پیدائش کا یادگار دن ہے۔

موہن: آج نہ شری نہرو گیہوں اور اناج میں تلینگے، نہ فقیروں میں خیرات بانٹی جائے گی نہ کسی بڑی دعوت ہی کا انتظام ہوگا۔

عائشہ: پھر؟

موہن: آج کا سب سے اہم کام' قومی جھنڈا تیار کیا جائے گا۔

خان: قومی جھنڈا؟ لیکن کیسے اس کیلئے تو کافی کپڑا چاہیئے۔

عائشہ: تین رنگوں کا کپڑا چاہیے اور پھر جیل خانے میں ترنگا بنانا —

موہن: لیکن ترنگا بنے گا ضرور۔

خان: کیسے؟

عائشہ: کیسے؟

موہن: سنو! ابھی کچھ دم میں کھانا تقسیم ہوگا۔

عائشہ: ہاں۔

موہن: بس کیلے کا بڑا سا سبز پتہ ہوگا۔

خان: پھر؟

موہن: ہم سب کو جس قدر مکھن ملتا ہے سب ایک جگہ جمع کیا جائے گا' سبز کیلے کے پتے پر سفید مکھن۔

عائشہ: سبز کیلے کے پتے پر سفید مکھن۔

موہن: اور سفید مکھن پر میرے لیے جیل کا اسپیشل تحفہ' سنترہ۔ بس تیار ہے ترنگا

عائشہ: واہ — سچ مچ —

خان: اور یہ ترنگا ہم سب سپرنٹنڈنٹ جیل مسٹر تھامس کی میز پر رکھینگے۔

عائشہ: ضرور ضرور —

خان: کھانا آرہا ہے۔ ہش چپ ہوجاؤ۔

(فوجی بوٹوں کی آواز قریب آتی ہے)

موہن: وارڈن صاحب۔

وارڈن: کیا ہے۔

موہن: یہ آپ ہم لوگوں کو کیا غذا دے رہے ہیں۔

وارڈن: کیوں کیا ہوا۔

مومن: ایک ہفتہ سے جو روٹیاں ہمیں مل رہی ہیں اُن میں ریت اور مٹی ہوتی ہے

وارڈن: ریت اور مٹی ہوتی ہے؟

مومن: آٹا کم اور مٹی اور ریت زیادہ۔

وارڈن: آپ لوگ شاید بھول رہے ہیں کہ خود آپ کے کہنے کے مطابق آپ یہاں سرزمین ہند کی خدمت کرنے کے الزام لائے گئے ہیں۔

مومن: جی ہاں بالکل سچ ہے۔

وارڈن: پھر آپ کو اس مٹی سے کیوں انکار ہے۔

مومن: آپ ٹھیک فرماتے ہیں ہم لوگ یہاں سرزمین ہند کی سیوا کے الزام میں ضرور آئے ہیں لیکن جیل خانے کی مٹی پھانکنے نہیں۔ لو یہ ترنگا اپنے سپرنٹنڈنٹ کے ہاتھ میں تھما دو۔

(سب ہنستے ہیں)

خان: جیل سے رہائی کے بعد شری نہرو نے ۸ راگست ۴۲ء کو راشٹر پتا مہاتما گاندھی کی قیادت میں آل انڈیا کانگریس کمیٹی کی جانب سے "ہندوستان چھوڑ دو" کا ریزولیشن پاس کر دیا۔

(مجمع کا شور)

مومن: شری نہرو کی تقریر کے الفاظ کچھ اس طرح ہوتے تھے 'میرے عزیز دوستو اور ساتھیو! آج ہندوستان ایک عظیم انقلاب کے دروازے پر دستک دے رہا ہے ۱۹۴۲ء اور ۱۹۴۷ء میں ایسے بڑے بڑے واقعات رونما ہوں گے کہ ساری دنیا دنگ رہ جائے گی۔ آج دیش کے بوڑھوں جوانوں، عورتوں، مردوں سب میں دیش بھگتی کا جذبہ اُمڈ رہا ہے۔ ہماری اس بیداری سے برطانوی سامراج کو اچھی طرح پتہ چل گیا ہے کہ دنیا کی کوئی

طاقت چالیس کروڑ مظلوم اور محکوم ہندوستانیوں کو آزادی حاصل کرنے سے نہیں روک سکتی۔ ہندوستان آزاد ہوگا اور ضرور ہوگا۔

خان : پنڈت جواہر لال جی کی جے۔ پنڈت جواہر لال جی کی .....

سب : جے

خان : پنڈت جواہر لال نہرو۔

سب : زندہ باد۔

موہن : اُن دنوں وہ کہا کرتے تھے۔ میں آپ کو یقین دلاتا ہوں ہم اور آپ اُس آزادی کا سورج ضرور دیکھیں گے جو بہت جلد ظلم اور جہالت کے اندھیارے سے جگمگانے والا ہے۔ اب انگریز سرکار کے قدم ہماری سرزمین پر اور زیادہ دن نہیں ٹک سکیں گے۔

(شور اور فائرنگ)

دیا : جدوجہد آزادی کے نیتا دھڑا دھڑ گرفتار ہونے لگے۔

خان : انگریز سرکار نے پھر ایک بار نہرو کو گرفتار کرکے سب سے لمبی میعاد کی سزا سنائی۔

عائشہ : یہی برطانوی سامراج کی عائد کردہ آخری سزائے قید تھی۔

دیا : جون ۱۹۴۵ء میں آپ رہا ہوئے اور آزاد ہند فوج کے افسران اور جوانوں کی قانونی دفاع کا انتظام کیا۔

خان : پھر حکومت برطانیہ سے سمجھوتہ کرنے کی خاطر آپ نے شملہ کانفرنس میں شرکت کی۔

مرزا : ۱۹۴۶ء میں آخری وائسرائے ہند لارڈ ماؤنٹ بیٹن کی دعوت پہ آپ نے عبوری حکومت کے قیام کی تجویز رکھیں۔

دیا : پھر تیرہ و تار اندھیارے کو چیر کر۔

موہن : پندرہ اگست ۱۹۴۷ء کا وہ روشن دن طلوع ہوا جب اسی رہنما کی معجز نمائی

کی بدولت ہندوستان کے چالیس کروڑ محکوم ومظلوم اور نہتے انسانوں نے دُنیا کی سب سے بڑی طاقت ور سامراج سے اپنی آزادی چھین لی۔

(پس منظر ریکارڈ سنائی دیتا ہے) آزاد ہوا آج کے دن دلیش ہمارا

مرزا : شری نہرو نے آزادی کے بعد پہلی وزارت عظمیٰ کا گراں بار عہدہ بھی خود ہی سنبھالا۔

خان : آزادی سے قبل جو سورما جنگ آزادی کا عظیم مجاہد تھا وہ آزادی کے بعد ملک و قوم کی ترقی و خوشحالی کے منصوبوں کی جانب جُٹ گیا۔

عائشہ : آزادی کے بعد ہندوستان نے معاشی، صنعتی، تمدنی، ثقافتی، ہر میدان میں جو کچھ ترقی کی پس پردہ اِسی معمارِ اعظم کا ذہن کار فرما تھا۔

مرزا : اسی ذہن وادراک نے ہمارے ہر دلعزیز وزیر اعظم کو دنیا کے ممتاز ترین سیاست دانوں کی فہرست میں صف اوّل میں لا کھڑا کیا۔

(مجمع کا شور سنائی دیتا ہے)

مومن : اپنے ملک کی آزادی کے حصول کے بعد آزادی کے اس متوالے نے دُنیا کے چپّے چپّے پر نوآبادیاتی تسلط کے خاتمے کا بیڑا اُٹھایا۔

خان : جن جن ملکوں میں آزادی کی شمعیں جل چکی تھیں وہاں وہاں تحفظ آزادیٔ ملک کی سالمیت اور دیرپا قیام امن کا درس دینے والا۔

عائشہ : اگر کوئی تھا تو یہی فرشتۂ امن تھا۔

دیا : ۱۹۵۰ء میں جب کوریا کی جنگ کے شعلے بھڑکنے لگے۔

مومن : اور خطرہ تھا کہ یہی شعلے بھڑکتے بھڑکتے پھیل کر ساری دُنیا کو اپنی لپیٹ میں لے لینگے

دیا : تب اِسی محسنِ انسانیت نے آگے قدم بڑھا کر اقوام متحدہ کو للکارا۔

خان : یہی نہیں ہندوستان ہی سے پانچ ہزار سپاہی جنگ بندی کی نگرانی کے لئے سر بہ کف روانہ ہوگئے۔

مرزا : تاریخ ۱۹۵۶ء کے نہر سوئز کے اس بحران کو بھی نہیں بھول سکتی۔

موہن : جب برطانیہ فرانس اور اسرائیل کے مشترکہ جارحانہ حملوں کے خلاف سب سے پہلے اسی صلح و آشتی کے دیوتا کی آواز بلند ہوئی۔

عائشہ : سرزمینوں اور ملکوں کو فتح کرنے کی بجائے، دلوں کو فتح کرنے کا نعرہ اسی فاتح زمانہ نے لگایا۔

خان : ۲۸ جون ۱۹۵۴ء کو اسی پیامبر امن نے وزیر اعظم چین چو این لائی کی جانب اپنا دوستی کا ہاتھ بڑھایا اور پنچ شیل کے عہد نامہ پر دستخط کیے

موہن : اور ہمارے پڑوسی دیس چین نے احسان فراموشی اور غداری کا ثبوت دیتے ہوئے پنچ شیل سمجھوتے کے پرزے پرزے کر دیئے۔

دیا : لیکن یہی سمجھوتہ آفریقی اور ایشیائی عوام کے لئے آج مشعل راہ ہے۔

خان : آج بھی اس انسانِ کامل کے امن عالم اور بقائے باہم کے اصولوں کو ساری دنیا عزت و وقار کی نظروں سے دیکھتی ہے۔

موہن : لیکن وہ۔

عائشہ : وہ ہم سے بچھڑ گیا۔ وہ ہمیں چھوڑ گیا۔

موہن : مگر وہ اور اس کا پیغام رہتی دنیا تک امر رہے گا۔

مرزا : اس کی صدائے جاوداں سدا گونجتی رہے گی۔

(پس منظر سے ریکارڈ ابھرتا ہے) وزیر اعظم شری جواہر لال نہرو کی بھارت کے مستقبل کے بارے میں ایک تقریر.........

(اور تقریر ہی پہ شیر امپوز)

موسیقار (ترنم سے پڑھتا ہے) زمانہ بڑے شوق سے سن رہا تھا
ہمیں سو گئے داستاں کہتے کہتے
(غمگیں ساز ابھر کر ڈوب جاتا ہے)

رات کا کھانا

افراد :- ہریش .... انور
میاں .... بیوی

(دروازہ کھٹکھٹایا جاتا ہے)

انور : (دروازہ کھولتا ہے) او ہو- ہریش سیٹھ- ارے بھئی آج کدھر راستہ بھول پڑے۔

ہریش : اس وقت میں ہریش سیٹھ نہیں ہوں بھائی صرف ہریش ہوں اور سمجھو تو تمہارا ایک غریب دوست۔

انور : کیسی باتیں کر رہے ہو تمہارے سارے دوستوں میں سب سے زیادہ غریب اور مفلس کوئی شخص ہے تو وہ میں ہوں۔ آؤ بیٹھو تو — ہاں ہاں اس پر نہیں آؤ اس اسٹول پر آ جاؤ- میں اپنے ٹرنک پہ بیٹھ جاؤں گا۔

ہریش : (لمبی سانس لیتا ہے) انور۔

انور : کیا بات ہے کافی پریشان نظر آ رہے ہو؟

ہریش : میں نے اپنا گھر چھوڑ دیا ہے۔

انور : گھر چھوڑ دیا ہے۔ راحت کنج چھوڑ دیا؟

ہریش : ہاں اب وہاں راحت نہیں رہی- اور اس حال میں چھوڑا ہے کہ

انور ÷ کس حال میں چھوڑا ہے ؟

ہرش ÷ بس جس حال میں تم دیکھ رہے ہو' اس ایک کوٹ میں ....

انور ÷ کیا بات ہوگئی ؟

ہرش ÷ بس پتاجی نے کہا گھر چھوڑ دو اور میں نے چھوڑ دیا۔ کہا خود کماؤ خود کھاؤ۔ اور میں نکل کھڑا ہوا۔

انور ÷ یہ تو تم نے اچھا کیا' میرا مطلب ہے بہت بُرا کیا۔ خیر بھوک لگا کہو کچھ کھاؤ گے؟ یا کھانا کھا کر آئے ہو ؟

ہرش ÷ کیا میں کلیم ہوں جو اپنے گھر سے روٹھ کر ظاہر دار بیگ کے پاس آیا ہوں۔ میں اپنے دوست انور کے پاس آیا ہوں۔ یہ بتاؤ کوئی نوکری ابھی ملی یا نہیں تمہیں؟

انور ÷ نہیں ابھی تک تو نہیں ملی' بس وانٹیڈ کالمس پڑھ رہا ہوں اور انٹرویوز میں شرکت کر رہا ہوں۔ ہاں انٹرویوز پر یاد آیا دو بار میں نے تمہارے سوٹ ادھار لیے تھے لیکن آج تک میں انھیں ....

ہرش ÷ چھوڑو یار میں اس وقت اپنے سوٹ واپس لینے یا کسی قرضے کی وصولی کیلئے نہیں آیا ہوں۔ یہ بتاؤ گزر بسر کیسے ہو رہی ہے ؟

انور ÷ صبح میں پڑوس سے دو لڑکے پڑھنے چلے آتے ہیں۔

ہرش ÷ اچھا کیا ٹیوشن فیس دیتے ہیں ؟

انور ÷ نہیں؛ بس صبح کا ناشتہ لے آتے ہیں۔ ہاں ذرا جلدی سے بتانا تو اس وقت کیا بجا ہے ؟

ہرش ÷ ساڑھے آٹھ۔

انور ÷ کیا اچھے وقت پر پہنچے ہو میرے دوست تو ابھی میرے رات کے کھانے کا بندوبست کس طرح ہوتا ہے تمھیں اس کا بھی پتہ چل جائے گا۔

ہرش : کیا مطلب، رات کے کھانے کا بندوبست یعنی؟

انور : اس کمرے کی اوپر والی منزل پر دو میاں بیوی رہتے ہیں اور وہ لوگ......

ہرش : وہ لوگ؟

انور : وہ لوگ اپنا رات کا کھانا کچھ اسی وقت کھاتے ہیں۔

ہرش : تو کیا تم رات کا کھانا ان سے مانگ لاتے ہو؟

انور : مانگنے کی ضرورت ہی پیش نہیں آتی وہ لوگ خود بھیج دیتے ہیں، سنو سنو ہر رات کے کھانے پر کم و بیش یہی ہوتا ہے۔ سنو۔

میاں : بھئی آؤ نا کھانا ٹھنڈا ہو رہا ہے۔

بیوی : میں نے کھانا لگا دیا ہے، سب چیزیں موجود ہیں، شروع کرو

میاں : تم بھی تو آؤ۔

بیوی : میں کھالوں گی تم کھاؤ۔

میاں : کھالوں گی سے کیا مطلب ہے، جب کھانا نکل چکا ہے تو آؤ ساتھ ہی کیوں نہ کھائیں۔

بیوی : اوہوں، میں پھر کھالوں گی۔

میاں : آخر چاہتی کیا ہو تم۔ کیوں مجھے پاگل بنا رہی ہو؟

بیوی : میں کیوں بناتی پاگل؟

میاں : تو پھر کیا میں پہلے سے ہوں؟

بیوی : مجھے کیا خبر ہے،

میاں : دیکھو پھر تم نے......

بیوی : بھلا کوئی بھی اپنے رشتہ داروں سے ایسا سلوک کرتا ہے جیسا آپ کر رہے ہیں؟

میاں : کیا سلوک کیا ہے میں نے؟

بیوی : میرا بھائی بے روزگار سہی، آوارہ سہی مگر تمھیں تو ایسی نظروں سے نہیں دیکھنا چاہیئے۔

میاں : خیر صاحب نہیں دیکھیں گے آؤ اب تو کھانا کھالو آؤ۔

بیوی : اس میں اس کا بھی کیا قصور ہے۔ روزگار کی تلاش میں کیا نہیں کیا بیچارے نے عرضیاں نہیں دیں دفتروں کے چکر نہیں کاٹے۔

میاں : ہاں اس نے تو سب کچھ کرلیا اب چھوڑ دو اس قصے کو۔

بیوی : اور آپ ہیں کہ اسے جبین ساگر کے کنارے سیر کرنے والوں کو دو دو پیسے لے کر پانی پلانے کے لیئے کہتے ہیں یا لمبے لمبے پڑوں میں مونگ پھلی یا چنا جور گرم بیچنے کا مشورہ دیتے ہیں۔

میاں : ہاں صاحب میں زمانے سے بُرا ہوں ادھر اُدھر پھرنے کے بجائے میں تو چاہتا تھا امپلائمنٹ ایکسچینج کے دفتر ہی کے وہ چکر کاٹتا رہے تاکہ کوئی نہ کوئی چھوٹا موٹا کام مل جائے مگر نہیں اب تک کوئی جائیداد نہیں مل سکی۔

بیوی : اجی جائیداد تو گاؤں میں بہت پڑی ہے جائداد کو لے کر کیا کرنا ہے وہ تکا دلسا کی زمینوں اور مکانوں ہی کی دیکھ بھال کرلے تو بس ہے، مصیبت یہ ہے کہ وہ شہر میں رہنا چاہتا ہے اور شہر میں کوئی نوکری نہیں ملتی۔ آیئے کھانا کھالیجئے۔

میاں : نہیں بھوک نہیں ہے تم کھاؤ۔

بیوی : ابھی تو کھانے کے لئے مجھے بلا رہے تھے۔ اب میں آنے لگی تو آپ روٹھ گئے چلے۔

میاں : کہہ دیا نا بھوک نہیں ہے۔

بیوی : آیئے دیکھئے میں نے اپنے ہاتھ سے کٹلٹس بنائے ہیں آیئے خیر آئندہ میں کچھ نہیں کہوں گی چاہے آپ میرے بیروزگار بھائی کو کچھ ہی کیوں نہ کہیں۔

میاں : چلو تم بیٹھو میں آتا ہوں۔

بیوی : آخر اتنا بھی کیا منانا۔

میاں : تو کون کہتا ہے منانے کو۔

بیوی : اب آگے ہوئے اٹھا کر سارا کھانا باہر پھینک دوں۔

میاں : پھینک دو پھینک دو، تو تم سے پہلے میں پھینک دیتا ہوں، لو لو یہ پراٹھے یہ چپاتیاں، یہ کباب۔

بیوی : (ہانپتی ہوئی) تو یہ کٹلٹس بھی کیوں رہیں، لو یہ بھی کھڑکی سے باہر پھینک دو لو، ہائے کتنی محنت سے بنائے تھے۔ ہائے ہائے (سر پہ ہاتھ مار مار کر رونے لگتی ہے۔

انور : لو بھئی رات کے کھانے کا انتظام ہو گیا۔

ہرش : یہ اخبار کیسا ہے؟

انور : اخبار تو اردو زبان کا ہے صرف میں یہ اخبار پھیلا کر کچھ دیر کھڑکی کے نیچے کھڑا ہو گیا تھا، اور یہ دیکھو اس میں جو چیزیں آ گری ہیں وہ اوپر والے کی دین ہیں لو کھاؤ چپاتیاں ہیں دو ذہن پراٹھے بھی ہیں، کباب ہیں، اور یہ دیکھو یہ کٹلٹس ہیں۔

ہرش : بھوک تو بے حد لگی ہے مگر کھانے کو جی نہیں چاہتا۔

انور : اب تکلف چھوڑو میاں کھانے کے بعد آرام سے سو جانا، صبح اٹھکر ایک ساتھ نوکری کی تلاش کریں گے۔

ہرش : انور تمہیں پتہ نہیں میں تمہارے پاس آنے سے پہلے کہاں کہاں جا چکا ہوں،

انور : کہاں کہاں جا چکے ہو؟

ہرش : اپنے ہر ایسے دوست کے پاس جو مجھے عزیز ترین سمجھتا تھا کرنل مہیش کے بھتیجے مہندر کے ہاں، اس بزنس مین گردھاری لعل کے ہاں اسٹاک ایکسچینج کے بروکر جوگندر کے پاس، نو دولتے سیٹھ پورن کے پاس مگر سب نے

انور : سب نے ؟

ہرش : پہلے تو ہمیشہ کی طرح بہت آؤ بھگت کی لیکن جب معلوم ہوا کہ میں اپنا گھر بار چھوڑ کر ان کے پاس آیا ہوں تو ایسے پیش آنے لگے جیسے کوئی اجنبی ان سے ملنے آیا ہو۔

انور : اجنبی ؟

ہرش : ہاں کسی کو اپنی فیکٹری پر فوراً پہنچنا تھا، کوئی انکم ٹیکس کیلئے جھوٹے حساب تیار کروانے جا رہا تھا کسی نے اپنی محبوبہ کو وقت دے رکھا تھا بے کار تھا بے مصرف تھا تو میں۔

انور : چھوڑو چھوڑو ان فضول باتوں کو بڑے بڑے حکیموں نے کہا ہے کھانے کے وقت ساری دنیا کو بھول جانا چاہیئے اور پھر رات کے کھانے کے وقت تو قطعاً...

ہرش : میں گھر سے نکلا تو ہوں مگر خالی ہاتھ نہیں۔

انور : اچھا ؟

ہرش : ادھر دیکھو، کوٹ کے اندرونی جیبوں کی طرف یہ نوٹوں سے بھرے ہیں کم سے کم پچاس ہزار روپے لیکر نکلا ہوں۔ تم عرصے سے کہا کرتے تھے نا روپیہ ہوتا تو کوئی بزنس کرتے، لو یہ پچیس ہزار روپے تمھارے ہیں پچیس ہزار میرے۔

انور : پ۔ پ۔ پ۔

ہرش : پچیس ہزار۔ لو۔

انور : میرے ہیں ؟

ہرش : بالکل۔

انور : مگر بھائی میں نے بہت پہلے ارادہ کیا تھا کہ جب کوئی بڑی رقم میرے ہاتھ آئیگی میں ملک کی آزادی اور وقار کے تحفظ کیلئے نصف رقم نیشنل ڈیفنس فنڈ میں

دے دوں گا۔ میں ساڑھے بارہ ہزار روپے ڈیفنس فنڈ میں جمع کرا دوں گا اور باقی ساڑھے بارہ ہزار سے وہ بزنس کر دوں گا جس کے منصوبے بیں بارھویں جماعت سے بنا رہا ہوں۔

ہرش : تو میرے ۲۵ ہزار میں سے بھی ساڑھے بارہ ہزار روپے ڈیفنس فنڈ میں جائینگے اور میں بھی باقی ساڑھے بارہ ہزار روپوں سے کوئی ایسا بزنس کروں گا جو تم مجھے سمجھاؤ مگر تم سے مل کر نہیں، تم سے الگ۔

انور : ضرور ضرور، لیکن آؤ رات کا کھانا تو کھا لو یہ ساری باتیں صبح کی ہیں۔

ہرش : اب رات کا کھانا ہم ان میاں بیوی کے ساتھ مل کر کھائیں گے جو تمہارے اس کمرے کی اوپر والی منزل میں رہتے ہیں۔ آؤ۔ آؤ انھیں منائیں چلو۔

(سازی موسیقی)

دھرتی کا سورگ

افراد:— میاں .... بیوی
پڑوسن .... بوڑھا

(کھڑکی کھلنے کی آواز)

بیوی : کہاں ہو بہن؟
پڑوسن : اوہو، تم آگئیں۔
بیوی : ہاں۔
پڑوسن : یہ کہاں غائب تھیں دو دن سے، کل تو میں نے سیڑھی پر چڑھ کر اس قدر کھڑکی پیٹی ہے کہ حد نہیں، وہ تو بھلا ہو جمیل احمد کی بیوی کا انھوں نے بتایا کہ تم اپنے میاں کے ساتھ کہیں باہر گئی ہوئی ہو — کہاں گئی تھیں — میکے؟
بیوی : اہنھ — میکے نہیں۔
پڑوسن : پھر؟
بیوی : سورگ کی سیر کو گئی تھی۔
پڑوسن : ائے ہے خدا نہ کرے۔
بیوی : دھرتی کے سورگ کی بھئی۔
پڑوسن : دھرتی کے سورگ کی سیر، وہ کہاں ہے۔

بیوی : ہے تو بہت قریب، آج سے دس سال پہلے ہم ادھر سے گزرے تھے تو وہ جگہ ایک نہایت ویران اور غیر آباد علاقہ تھی اور آج ...... آج وہی جگہ دھرتی کا سورگ بن چکی ہے۔

پڑوسن : تم تو پہیلیاں بجھا رہی ہو، بتاؤ نا آخر کہاں کا ذکر کر رہی ہو، کہاں گئی تھیں تم کہیں بہت دور گئی تھیں کیا؟

بیوی : (ہنستی ہے) نہیں نہیں دور نہیں، بہت ہی نزدیک، ہمارے ہی صوبے میں ورنگل سے قریب ایک مقام ہے 'مُلگ'۔

پڑوسن : مُلگ؟

بیوی : ہاں۔ پرسوں صبح سویرے جاتے انھیں کیا سوجھی کہ مجھے جیپ کار میں بٹھا لیا کہنے لگے چلو تمھیں ایسے مقام کی سیر کرائیں جسے تم سدا کوستی رہی ہو۔

پڑوسن : سچ کوستی رہی ہو کیا؟

بیوی : ہاں بھئی ایک مرتبہ اماں، میں اور ہمارے ماموں تھے، عبدالرحمن ماموں، ہم سب عثمان آباد سے واپس ہو رہے تھے، دوپہر ہو چکی تھی ہم سب کا بھوک سے برا حال تھا، اسی مُلگ سے آس پاس کہیں ماموں نے کار ٹھہرائی ---- ایک تالاب کے کنارے ہم لوگوں نے کھانا کھایا، کھانے کے بعد اسی تالاب کا پانی پیا۔ بس دوسرے دن شہر پہنچکر ہم سب کے سب جو بیمار پڑے ہیں تو پوچھو نہیں کہ ہم پر کیا بیتی؟

پڑوسن : سچ بہت بیمار ہو گئی تھیں؟

بیوی : ارے بہن اماں بے چاری تو اسی وقت سے ٹھلنے لگیں، ماموں کو گٹھیا کا ایسا زبردست دورہ پڑا کہ پھر سے بجلیاں لیتے بنی اور میں کوئی سات مہینے سخت ملیریا اور ٹائیفائیڈ میں مبتلا رہی۔

پڑوسن : کب کی بات ہے یہ بانو بہن؟

بیوی : کوئی دس سال ہو گئے ہوں گے مگر جب بھی ان دنوں کی یاد آتی ہے تو رونگٹے کھڑے ہو جاتے ہیں۔

پڑوسن : تو پھر اسی مقام پر لے گئے تھے تمھارے میاں تم کو؟

بیوی : ہاں میں تو بہت روکتی رہی گر وہ مانیں۔ بہن ایک بات ہے، میں نے تو بس کھانے کی میز کھینچ کر کھڑکی سے لگا لی ہے مزے سے بیٹھی ہوں۔ تم کب تک یوں سیڑھی کے ڈنڈے پہ کھڑی مجھ سے باتیں کرو گی؟

پڑوسن : تم اس کی فکر نہ کرو بہن ہمارے میاں نے تو ہمیں ایسی اونچی چار دیواری میں لا ڈالا ہے کہ نہ کوئی ہمسایہ ہے نہ پڑوس بس تمھاری کھڑکی ہے اور تم ہو سیڑھی پر کھڑے ہو کر تم سے باتیں کر لیتی ہوں۔ ہاں تم سناؤ۔ میں تو آنکھیں بند کیے خیال ہی خیال میں دیکھ رہی ہوں کہ تم اپنے میاں کے ساتھ جیپ کار میں اڑی جا رہی ہو۔ سڑک کے دونوں جانب ہرے ہرے کھیت ہیں اور میاں تم سے کہہ رہے ہیں۔

میاں : کھیتوں کی بہار دیکھ رہی ہو؟

بیوی : بھئی! چھوڑو اس راستے کو کہیں اور چلو۔

میاں : کہیں اور کیوں؟ ملک کیوں نہیں؟

بیوی : نہ بابا ـــــ ملک ـــــ خدا رکھے الگ۔

میاں : تم تو صرف ملک خدا رکھے الگ کہہ رہی ہو۔ یہاں کے لوگ تو کبھی اس کو بھوتوں اور چڑیلوں کی بستی سمجھتے تھے۔ جو لوگ اس علاقے میں آکر رہنے کی کوشش کرتے تھے بھوت اُن سے خفا ہو کر ہفتے دو ہفتے میں اُنھیں مار ڈالتے تھے۔

بیوی : سچ ؟

میاں : ہاں، گونڈ، بھیل، لماڑے، اور دوسرے خانہ بدوش بھی اگر کبھی کبھار یہاں اپنا ڈیرہ جماتے تو فوراً طرح طرح کی بیماریوں کا شکار ہو جاتے تھے ملیریا، ٹائی فائیڈ فیور، دق اور ڈفتھیریا

بیوی : ڈفتھیریا میں کیا ہوتا ہے ؟

میاں : آدمی کے حلق میں ورم اور جھلی کے آجانے سے اس کا دم گھٹ جاتا ہے۔ یہ لوگ سمجھتے تھے کہ چڑیلیں ان کا گلا گھونٹ کر انھیں مار ڈال رہی ہیں

بیوی : تھو تھو کیسی باتیں کر رہے ہیں آپ چڑیلوں چھلاویوں کی۔

میاں : آج تو ایسی ہی باتیں کرنے کو جی چاہ رہا ہے۔ اور جی چاہتا ہے کہ جہاں تم نے اپنے ماموں کے ساتھ دس سال پہلے کھانا کھایا تھا آج پھر وہیں کھائیں۔

بیوی : ہشت، میری کوئی شامت آئی ہے جو میں دوبارہ وہاں جاؤں، نہ جاؤں نہ کھانا کھاؤں اور ڈیپے کا ئے

میاں : ارے ارے سنو سنو تو۔ کیا کرتی ہو کہیں کوئی اکسیڈنٹ نہ ہو جائے۔ اچھا کھانا موٹر میں بیٹھ کر ہی کھالیں گے بس ـــ گر وہاں جائیں گے ضرور۔

بیوی : پھر وہی۔

میاں : بھئی تم چلو تو اب وہاں کی دنیا ہی بدل چکی ہے، وہ تو اب دھرتی کا سورگ بن چکا ہے، بات یہ تھی بانو کہ پہلے اس علاقے میں جتنے تالاب تھے بھارت تو بھارت ہے، دنیا کے شاید ہی کسی حصے میں اس قدر تالاب ہوں، تیرہ تیس میل کے اندر اندر کوئی ایک سو پچاس تالاب ہیں۔

بیوی : ایک سو پچاس ؟

میاں : بھئی ہاں اور پھر ان تالابوں کی حالت یہ تھی کہ یہ سڑے ہوئے پتوں پڑنا

اور جانوروں کی لاشوں سے پٹے پڑے تھے مچھروں، پسوّوں اور خطرناک سے خطرناک بیماریوں کے جراثیم کے اڈے تھے، ظاہر ہے ایسے گندے مقام کی آب و ہوا کیسی ہو سکتی ہے، جو کوئی یہاں آتا ان ہی نالابوں کا پانی پیتا اور اسی زہریلی ہوا میں سانس لیتا تھا، جتنی کچھ بیماریاں یہاں رہنے والوں پر نہ ٹوٹ پڑتیں کم تھیں۔

بیوی : اور مفت میں بھوت بدنام تھے۔

میاں : تم بھوتوں کی قائل ہو؟

بیوی : اب خدا کے لیئے میں بھی قائل نہیں کہہ کر ڈھواں نہ بن جانا۔

میاں : (ہنستا ہے) نہیں نہیں، بھوت چڑیلوں کو چھوڑ کر کہیں نہیں جا سکتا۔

بیوی : (ہنستی ہے) اچھا جی یہ بات ہے۔ ارے یہ، یہ کیسی آبادی ہے، کون سا گاؤں ہے۔

میاں : یہ جاکارم ہے۔

بیوی : اسی لیئے شاید ہماری کار آگے ہی آگے چلی جا رہی ہے۔

میاں : (ہنستا ہے) ہاں جاکارم، گومندداس چھبہ، پیرہ، پالم بیٹھ، وانم پلی، ترسا پور، اور آتماکور، ہندوستان تو ہندوستان ہے سارے جنوبی ایشیا کے مثالی گاؤں مانے جاتے ہیں۔ جہاں کوئی رہنے کو تیار نہ تھا، وہیں اب ستر ہزار سے زیادہ آبادی ہے۔

بیوی : ستر ہزار؟

میاں : بہت جلد اور بڑھ جائے گی۔ جب کچھ بدیشی ماہروں نے ان علاقوں کا دورہ کیا تو وہ دنگ رہ گئے کہ اتنے کم عرصے میں ایک نہایت بدنام اور خطرناک علاقہ ایسی اچھی بستیوں میں کیسے بدل سکتا ہے؟

بیوی : لیکن یہ کایا پلٹ ہوئی کیسے؟

میاں : شکر ہے اب آپ بھی کچھ دلچسپی لینے لگیں جب ۱۹۵۰ء میں پلاننگ کمیشن قائم ہوا تو دیش سدھار کے بے شمار کام شروع ہوئے۔ سب سے پہلے دیہاتوں کو ترقی دینے اور ویران زمینوں کو پھر سے آباد کرنے کا سوال اٹھا۔ حیدرآباد سرکار نے بھی اس بدنام علاقے کو بسانے کیلئے یہاں کے تالابوں کی طرف توجہ کی سڑی ہوئی چیزوں اور گندگیوں سے سارا پانی صاف کر کے جراثیم کش دوائیں چھڑکیں جھاڑیوں اور گنجان درختوں کو کاٹ کر چٹیل میدان بنایا اور اعلان کیا کہ اب اس علاقے کی آب و ہوا صاف ہوگئی ہے یہاں لوگ آکر بس سکتے ہیں۔

بیوی : کوئی آیا ـــــ

میاں : کوئی نہیں آیا۔ کوئی بھی یہاں آکر بس جانے کو تیار نہ تھا۔ آخر حکومت کے عہدیداروں نے خود اپنے کیمپ ڈالے مکان بنوائے اور تین بڑے تالابوں لکھناور م گھن پودا اور امتیا سے نہریں نکالنے کا کام شروع کر دیا۔ جب نہریں آس پاس کے علاقوں میں پہنچیں تو لوگ حیران رہ گئے۔ اب انھوں نے سوچا کہ بھوتوں اور چڑیلوں نے یہاں کا ٹھکانا چھوڑ دیا ہے۔

بیوی : (ہنستی ہے)

میاں : پھر حکومت نے اعلان کیا کہ جو لوگ اس علاقے میں آکر رہنا چاہیں انھیں کھیتی باڑی کیلئے مفت زمینیں دی جائیں گی۔ عمدہ بیج اور کھاد مہیا کی جائے گی۔ جانوروں کیلئے قرض پر رقم ملے گی جسے وہ سہولت کے ساتھ ادا کر سکتے ہیں۔ اس اعلان کی دیر تھی کہ سینکڑوں لوگ جو محنتی تھے کام کرنا چاہتے تھے مگر پیسہ پاس نہ تھا فوراً پراجکٹ انجینئر کے پاس پہنچے اور ان دن یہ نو بر لیا اور خطرناک... علاقہ جس سے لوگ پناہ مانگتے تھے، ہنسی قہقہوں

اور مسرتوں کا گہوارہ بن گیا۔

بیوی : یہ جو سفید سی عمارتوں کی لائین چلی گئی ہے، سرکاری دفتر ہیں ؟

میاں : جی نہیں یہ اُن دیہاتیوں کے گھر ہیں جو خود انھوں نے اپنی محنت سے تیار کیئے ہیں، یہاں کے بسنے والے لوگ بڑے محنتی ہیں اُن لوگوں نے نہ صرف اپنے لئے گھر بنائے، بلکہ سڑکیں بنائیں، کنویں بنائے، پگڈنڈیوں کو پکی سڑکوں میں بدلنا کوئی آسان کام نہیں تھا۔ یہ ان ہی لوگوں کی محنت کا نتیجہ ہے کہ ساٹھ میل لمبی سڑک پر دونوں طرف سایہ دار درخت لگے ہیں۔ ابتدا میں ایک پنتھلو پچاس لڑکوں کو پیٹ پیٹ کر پڑھاتا تھا اور اب تمھیں سن کر حیرت ہوگی یہاں اڑتالیس اسکول ہیں۔

بیوی : اڑتالیس اسکول ہیں۔

میاں : جی ہاں ایک ہائی اسکول اور دس پرائمری مدرسے بھی ہیں، کئی استاد، چپراسی اور اچھی عمارتیں ہیں۔ غرض یہاں وہ سب چیزیں ہیں جو ایک شانتی گاؤں میں ہونے چاہئیں ــــ آؤ ذرا اس برگد کے پیڑ کے پاس ٹھیریں۔ اترو گی نہیں ؟

بیوی : کسی خیال سے چونک کر، ہاں آ رہی ہوں، ایسا جان پڑتا ہے۔۔۔۔

میاں : کہیں یہ وہی جگہ تو نہیں جہاں تم نے ماموں کے ساتھ کھانا کھایا تھا۔

بیوی : ہاں وہی ــــ بالکل وہی۔ اسی پیڑ کے نیچے ہم نے اس دن کھانا کھایا تھا (لمبا سانس لیتی ہے) لیکن کیسی عجیب و غریب تبدیلی ہو چکی ہے، دنیا ہی بدل چکی ہے، میں تو حیران ہوں کہ ایک سنسان ویرانہ بھی اس قدر آباد ہو سکتا ہے۔

بوڑھا : کھانستا ہوا قریب آتا ہے، موٹر کیوں روک لی صاحب کیا پانی چاہیے

میاں : نہیں نہیں پانی نہیں چاہیئے بڑے میاں ہم تو بس ایسے ہی آ گئے تھے

بوڑھا : تو پھر آئیے کچھ دیر اس نیم کے ڈھالیے میں بیٹھیے، آئیے۔

میاں: بانو — کیا ارادہ ہے؟

بیوی: چلیے۔

بوڑھا: (پکارتا ہے) گِردھر — دو تین کرسیاں تو لانا۔

بیوی: بیٹھیے۔

بوڑھا: بیٹھیے صاحب آپ بھی بیٹھیے بھلا بڑھئی کے گھر کرسیوں کی کمی ہو سکتی ہے میں اس ڈھالیے میں کرسیاں، بینچیں، اسٹول اور مونڈھے بناتا ہوں۔

بیوی: اس عمر میں بھی کام کرتے ہیں آپ؟

بوڑھا: آدمی کو تو سدا کام کرنا چاہیئے بیٹا، میرے دو لڑکے کھیتی باڑی کرتے ہیں، ایک نیواڑ بناتا ہے۔ عورتیں کرگھا چلاتی ہیں، میں کیا بیکار بیٹھا حقہ پیا کروں، یوں ہی کچھ نہ کچھ کرتا رہتا ہوں۔ آپ لوگ شاید شہر سے آرہے ہیں۔

میاں: ہاں بڑے میاں۔

بوڑھا: تو پھر آپ کچھ خیال نہ کریں۔ ایک دن ہمارے ہاں ٹھہر جائیں۔ آج کل گاؤں میں فصلوں کی خوشیاں منائی جا رہی ہیں سورج ڈھلنے کے بعد الاؤ کا ناچ شروع ہوگا وہ دیکھ کر جائیے گا۔ نہ نہ بیٹا انکار نہ کرو، میں غریب آدمی ہوں چھنے کی روٹی اور مٹھے کا ساگ تو آگے رکھ سکتا ہوں۔

بیوی: نہیں نہیں یہ بات نہیں، کھانا ہم لوگوں کے ساتھ کافی ہے۔

بوڑھا: تو بس پھر کیا روک ہے، اگر مِلی ہوئی جائے ابھی بن جائے گی۔

بیوی: (ہنستی ہے) سنو سنو بھئی۔

پڑوسن: کھانے کے بعد رات میں تم بڑی دیر تک الاؤ کا ناچ دیکھتی رہیں اور دوسرے دن صبح۔

بیوی: یہاں آ موجود ہوئے۔ لیکن برسوں بعد یہ دو دن کی سیر ایسی لگی جیسے ہم نے

دھرتی ہی پر سورگ کی سیر کر لی ہو۔

(دروازہ کھٹکھٹایا جاتا ہے)

پڑوسن : لو بہن کھٹکا ہو رہا ہے۔ ہمارا بلاوا تو آگیا ہم چلے — ہاں اپنے میاں کے سامنے اب اس مقام کو کبھی نرک نہ کہنا۔

بیوی : (ہنستی ہے) نہیں نہیں۔۔ نہیں کوسوں گی بھلا دھرتی کے سورگ کو بھی کوئی برا کہہ سکتا ہے؟

صاحب جی

افراد:۔
مومن .... صاحب جی
شیفتہ .... ایک موسیقار

(قدیم طرز کا ایک خوبصورت دالان، اُجلا چاندنی کا فرش، جس پر بیچوں بیچ ایک نہایت قیمتی قالین بچھا ہے۔ وسط میں گاؤ تکیے سے لگے مومن (کشیدہ قامت، سُرخ و سفید رنگ، روشن آنکھیں، کھنچی ہوئی بھویں، لمبی ستواں ناک، پتلے پتلے ہونٹ، ہونٹوں پر پان کا لاکھا جما ہوا۔ ہلکی ہلکی مونچھیں، خوبصورت ڈاڑھی، سر پر گھونگریالے بال، کاکل کچھ پیچھے، کچھ کندھوں پر پڑے ہوئے ہیں۔ بدن پر شربتی ململ کا نیچی چولی کا انگرکھا۔ گلے میں سیاہ رنگ کا فیتہ جس سے تعویذ بندھا ہے۔ ایک کاکریزی رنگ کے دوپٹے کو کمر کے گرد لپیٹ لیا ہے، جس کے دونوں کونے سامنے پڑے ہیں۔ انگرکھے کی آستین پلٹ کر چڑھائی ہے۔ سر پر گلشن کی دو پلڑی ٹوپی پہنے) بیٹھے ہیں۔ سامنے کچھ کاغذ بکھرے ہوئے ہیں۔ ایک طرف چھوٹا سا پاندان رکھا ہے۔ داہنی طرف چلمن لگی ہے۔ وسط میں پیچھے ایک خوش وضع محراب ہے جس پر سفید کپڑا تانا گیا ہے۔)

پردہ اٹھتا ہے تو مومن سر جھکائے بیٹھے ہیں۔ محراب میں ایک نوجوان عورت اور مرد کا سایہ نظر آتا ہے۔ عورت سر جھکائے کھڑی ہے، مرد عورت کا ہاتھ تھامے اسے چومنے کے لئے جھک رہا ہے۔ کارڈ بورڈ یا لکڑی کے کٹ آوٹ سے بھی کام لیا جا سکتا ہے۔

(موسیقار پس منظر میں نہایت سریلی آواز میں گا رہا ہے)

وہ جو ہم میں تم میں قرار تھا　　تمہیں یاد ہو کہ نہ یاد ہو
وہی یعنی وعدہ نباہ کا　　تمہیں یاد ہو کہ نہ یاد ہو

مومن: (اٹھ کر آہستہ آہستہ ٹہلنے لگتے ہیں)

موسیقار: وہ نئے گلے وہ شکایتیں　　وہ مزے مزے کی حکایتیں
وہ ہر ایک بات پہ روٹھنا　　تمہیں یاد ہو کہ نہ یاد ہو
کبھی ہم میں تم میں بھی چاہ تھی　　کبھی ہم سے تم سے بھی راہ تھی
کبھی ہم بھی تم بھی تھے آشنا　　تمہیں یاد ہو کہ نہ یاد ہو

مومن: (اپنی پہلی جگہ پر آ بیٹھتے ہیں)

موسیقار: جسے آپ گنتے تھے آشنا　　جسے آپ کہتے تھے باوفا
میں وہی ہوں مومن مبتلا　　تمہیں یاد ہو کہ نہ یاد ہو

(محراب والا سایہ غائب ہو جاتا ہے)

(داہنی جانب چلمن ہلنے لگتی ہے، اور ایسا معلوم ہوتا ہے کہ مومن صاحب کی محبوبہ "صاحب جی" زرد رنگ کا لمبی آستینوں والا کرتہ، بنگالی صدری، سرخ گلبدن کا پاجامہ، دھانی دوپٹہ پہنے بیٹھی ہے۔)

مومن: (کچھ دیر تک چلمن کی طرف دیکھتے ہیں۔ پھر مسکرا کر)

خوب پردہ ہے کہ چلمن سے لگے بیٹھے ہیں، صاف چھپتے بھی نہیں سامنے آتے بھی نہیں

صاحب جی: (اٹھ کھڑی ہوتی ہے اور چلمن سے کچھ پیچھے ہٹ جاتی ہے)

مومن : صاحب! (صرف چلمن ہلتی ہے)

مومن : وہ نہیں سنتا۔

اے پردہ نشیں چلون اٹھا دے کہ نہ جل جائے
کرتا ہوں میں سوزِ غم پنہاں کی شکایت!

صاحب جی: (اداس لہجے میں)

ہم خاک میں بھی مل گئے لیکن نہ ملے وہ!
دِل ہی میں رہی رنجش جاناں کی شکایت

مومن : باہر نہیں آؤ گی۔ تمہارے رشتہ دار تمہیں مجھ سے جدا کرنے پر تلے ہوئے ہیں۔ کیسی کیسی آفتیں ڈھا رہے ہیں۔ آسمان نے جو یہ گھڑی مِل بیٹھنے کو بخشی ہے، کیوں اسے ہم الگ الگ گذاریں صاحب!

صاحب : (چلون اٹھا کر آہستہ آہستہ باہر آتی ہے۔ مومن نہایت ملائمت سے اس کا ہاتھ تھام کر قالین پر لا بٹھاتے ہیں)

مومن : (ایک کاغذ سامنے رکھتے ہوئے) لو اِسے پڑھو۔

صاحب : (دوسری طرف منہ پھیر لیتی ہے)

مومن : ناراض ہو؟

صاحب : اس نامے کا کیا ہوا؟

مومن : نامے کا؟ کوئی پیام بھجوایا تھا؟

صاحب : میں کیوں پیام بھجواتی، آپ اپنی کہیے۔

مومن : بھئی کب کہ کر بتیاں نہ بھجواؤ کس نامہ کا ذکر کرتی ہو؟

صاحب : کپور تھلہ والا وہ نامہ جو مہاراجہ کپور تھلہ نے آپ کو بھیجا ہے۔

مومن : (قہقہہ لگاتے ہیں) ابھی ایسے وقت کس کافر کو اس نامے کا خیال آسکتا ہے۔ خوب۔

صاحب : آخر لکھا کیا تھا؟

مومن : لکھتے کیا ماہوار ساڑھے تین سو روپے مقرر کئے تھے۔ پیام کے ساتھ آنے جانے کا خرچ بھی بھیجا تھا۔

صاحب : اور آپ نے زادِراہ اور ماہوار دونوں کو پھیر کے ....

مومن : صاف جواب دے دیا کہ میں مصاحبی اور پابندی سے عاجز ہوں۔ ایک ہی "صاحب" کافی ہے۔

صاحب : (مسکراتی ہے)

مومن : سوچو تو جس دربار کا تنبورخاں۔ بھانڈ اور معمولی گویا ساڑھے تین سو روپے ماہوار پائے، میں بھی اسی دربار سے وہی تنخواہ پاؤں؟

صاحب : عذرداری کوئی آپ سے سیکھے۔ سرٹامس صاحب لفٹننٹ گورنر پنجاب نے آپ کو جب اپنے ساتھ لے جانا چاہا تو آپ نے کیا کیا؟

مومن : صاحب! دلّی ہمارے لئے ابھی اس قدر سستی نہیں ہوئی کہ اس کو (۱۰۰) روپے ماہوار کے عوض بیچ دینا۔ ہائے:۔

دِلّی جو ایک شہر تھا عالم میں انتخاب
رہتے تھے منتخب ہی جہاں روزگار کے
اس کو فلک نے لوٹ کے ویران کر دیا
ہم رہنے والے ہیں اسی اُجڑے دیار کے

صاحب : جی ہاں! جن حضرت کے آپ شعر پڑھتے ہیں، وہ اور سودا، سوز، انشا، انیس، دبیر، ناسخ، آتش، خلیق، جرات، حضرت ذوق بھی تو آپ کے

سلامت ہیں۔ کتنے نام آپ کو گنواؤں۔ سبھوں کیلئے دربار کی پابندی لازمی رہی ہے

مومن : حضرت مظہر جان جاناں، آبرو، عیش، شاہ حاتم، حضرت خواجہ میر درد، انہیں کیوں بھولتی ہو انہیں، صاحب نہیں، میں مدح کو گداگری اور ہجو کو دنی الطبعی گردانتا ہوں۔ زندگی میں، میں نے راجہ اجیت سنگھ والئ پٹیالہ اور نواب وزیر خاں والئ ٹونک کے نام جو تعویذ لکھ دیئے، وہی بہت ہیں۔ میں اب اور کسی کا ممنونِ احسان ہونا نہیں چاہتا:۔

غیر کرتے ہیں سبوئے مے گلگوں خالی
ساغرِ چشم میں ہم دل کا لہو بھرتے ہیں

خیر ہٹاؤ اس ذکر کو۔ کوئی اور بات کرو۔ تمہارے اس شعر کا کیا بنا۔
کیا مصرعہ تھا وہ ۔ ہاں۔ گنہ کیا صنم کے نظارے میں زاہد۔
دوسرا مصرعہ پایا یا نہیں یا شعر ابھی تک لنگڑا ہے۔

صاحب : (منہ پھیر لیتی ہے)

مومن : (اٹھ کر سامنے آ بیٹھتے ہیں)

صاحب : (دوسری طرف منہ پھیر لیتی ہے)

مومن : پھر اپنی جگہ واپس آ کر) جی !
(آنکھوں میں آنکھیں ڈال کر) جی !

صاحب : (مسکرا پڑتی ہے) نہیں ملا !

مومن : ذرا پڑھو تو۔

صاحب : ~ رقیبوں کا جلنا کہاں دیکھتا تو
سماں یہ میرے گھر میں آیا تو دیکھتا
گنہ کیا صنم کے نظارے میں زاہد

مومن : ہاں گنہ کیا صنم کے نظارے میں زاہد

(صاحب جی کی طرف اوپر نیچے ہاتھ کا اشارہ کرتے ہوئے۔

خدا نے یہ جلوہ دکھایا تو دیکھا

صاحب : خوب ہے (چھت کی طرف دیکھکر)

کچھ کچھ درست ضد سے تری ہو چلے ہیں وہ

یک چند اور کجروی اے آسماں نہ چھوڑ

مومن : (فوراً) سے

جس کوچہ میں گزارا صبا کا نہ ہو سکے

اے عندلیب اس کیلئے گلستاں نہ چھوڑ

صاحب : (ہنستی ہے) عرصے سے ....

مومن : عرصے سے ؛

صاحب : عرصے سے چاہتی ہوں کہ آپ کی وہ غزل سنوں اور آپ ہی سے۔

مومن : کون سی !

صاحب : سے کس کی خبر آنے کی ہے کس لئے ہے یہ بیتابی

کس لئے ہم ہیں ہر دم پھرتے آتے ہیں اور جاتے ہیں

سنائیے گا۔ لیکن ترنم سے۔

مومن : (ترنم سے پڑھتے ہیں)

کس کی خبر آنے کی ہے کس لئے ہے یہ بیتابی

کس لئے ہم ہیں ہر دم پھرتے آتے ہیں اور جاتے ہیں

شکوہ کیا بیداد کرے گا کیجئے اس سے دیکھو تو

دیکھے ہے ظالم خنجر جب ہم زخم جگر دکھلاتے ہیں

ہوش گئے یاں دل سے پہلے ہو وے سمجھ تو سمجھیں بات
یہ تو سمجھئے حضرت ناصح آپ کسے سمجھاتے ہیں
کیا کہیں تم سے اُے ہمدرد و پوچھو مت مرغانِ چمن
کیونکر یاں ایامِ خزاں اور ہجر کے دن کٹ جاتے ہیں
کنج قفس میں بیٹھ کے گاہے روتے ہیں تنہائی پہ
یا دِ سیرِ موسمِ گُل سے گاہے جی بہلاتے ہیں

(کسی کے آنے کی آہٹ سنائی دیتی ہے)

صاحب : شاید کوئی آ رہا ہے (اچانک مومن کے ہاتھ سے اپنا ہاتھ چھڑا کر اٹھ کھڑی ہوتی ہے)

(قدموں کی چاپ قریب سُنائی دیتی ہے)

(صاحب جی' جلدی جلدی چلتی' چلون کے پیچھے جاکر غائب ہو جاتی ہے)

(بائیں طرف سے شیفتہ' رنگین انگرکھا' ایک برکا پائجامہ اور مخملی جوتی پہنے داخل ہوتے ہیں۔

شیفتہ : تسلیمات بجالاتا ہوں۔

مومن : (چلون ہی کی طرف دیکھتے ہوئے) مصطفےٰ خاں بڑے بُرے وقت آئے

شیفتہ : کیا فرمایا حضرت نے ؟ کچھ گستاخی ہوئی ہو تو درگذر کیجئے گا۔

مومن : کس لطف کی صحبت تھی صاحب جی سے۔ تم نے آکر درہم برہم کردی۔

شیفتہ : کون ؟ صاحب جی' یعنی امتہ الفاطمہ بیگم ؟

مومن : ہاں! امتہ الفاطمہ بیگم' صاحب جی۔

شیفتہ : اور یہاں تھی۔ (مومن کی گردن پر ہاتھ رکھتا ہے) نصیب دشمناں کہیں ناساز تو نہیں۔ ہاں۔ بدن تو پھنک رہا ہے۔ آپ آرام کیجئے۔

مومن : کیسی باتیں کر رہے ہو شیفتہ۔

شیفتہ : میں بالکل سچ عرض کرتا ہوں۔ جو شخص ناممکنات کا ذکر کرے۔ اس کے لئے اور کیا کہا جائے۔

مومن : ناممکنات۔ تم سمجھتے ہو "صاحب" یہاں نہیں آسکتی؟

شیفتہ : خود آپ بھی تو اس امر سے بخوبی آگاہ ہیں کہ صاحب جی کو اس کے رشتہ داروں نے محض آپ سے جدا کرنے کیلئے زبردستی لکھنو بھیجدیا۔ چھ مہینے ہو چکے وہ لکھنؤ میں ہیں اور آپ کہتے ہیں۔ صاحب جی یہاں۔۔ میں اور تو کچھ نہیں کہوں گا۔ بس اب آپ آرام فرمائیے۔ میں ابھی حکیم منور علی کو بلالاتا ہوں۔

(شیفتہ گھبرائے ہوئے چلے جاتے ہیں)

مومن : (ششدر چلون کی طرف دیکھ رہے ہیں)

(پس منظر موسیقار دردناک لہجے میں یہ شعر پڑھتا ہے)

موسیقار : ؎ تم مرے پاس ہوتے ہو گویا
جب کوئی دوسرا نہیں ہوتا

کچھ دیر کیلئے عقب میں محراب والا سایہ ابھرتا ہے ۔۔۔ اور۔

(پردہ آہستہ آہستہ گرتا ہے)

تعمیر آرزو

افراد:۔ ونے .... نریندر .... نلینی
مالا .... گاڑی بان

(٭)

(منظر:۔ لال مورم کی نئی نئی سڑک پر ایک نوجوان (ونے) سیاہ پتلون اور خاکی قمیص پہنے کھڑا ہے — داڑھی بڑھی ہوئی ہے۔ بال پریشان ہیں۔ بار بار اپنے کندھوں پر کوٹ ادھر سے ادھر کر رہا ہے — پردہ اٹھتا ہے تو عقب میں ایک بیل گاڑی نظر آتی ہے۔)

گاڑی بان: (آگے کو جھک کر) بابو۔

ونے: (گھوم کر گاڑی کی طرف دیکھتا ہے) مجھ سے کچھ کہا تم نے؟

گاڑی بان: ہاں بابو — کہاں جانا ہے۔

ونے: ہری پور جانا ہے بھائی۔

گاڑی بان: ہری پور؟ ہری پور تو یہاں سے پکا چھ میل ہے۔ آؤ گاڑی میں بیٹھ جاؤ۔

ونے: تم بھی وہیں جا رہے ہو کیا؟

گاڑی بان: نہیں میں گگن پور جا رہا ہوں، ہری پور راستے میں ہے، میں چھوڑ دونگا۔ آؤ بابو ایک سے دو بھلے — میرا بھی راستہ کٹ جائے گا —

ونے : (لمبا سانس لیتا ہے) ہاں بھائی سچ کہتے ہو ایک سے دو بھلے۔

(ونے گاڑی کی طرف جاتا ہے۔ گاڑی بان گاڑی سے اُتر کر ونے کی طرف آتا ہے)

گاڑی بان: ذرا چلم سلگا لوں تو چلوں، ہیں ہیں ہیں، پرانی عادت ہے بابو، تمہیں کوئی جلدی تو نہیں؟

ونے : نہیں نہیں کوئی جلدی نہیں۔

گاڑی بان: شہر سے آ رہے ہو شاید، کیا کرتے ہو شہر میں بابو؟

ونے : کچھ نہیں بیکار ہوں۔ بیکاری سے تنگ آ کر ہی ہری پور جا رہا ہوں۔

گاڑی بان: اور ہری پور کس کے پاس جا رہے ہو، کوئی رشتہ دار ہے تمہارا وہاں؟

ونے : نہیں ہری پور میں میرا کوئی رشتہ دار نہیں، ایک دوست ہے، بچپن کا ساتھی، اسی کے پاس جا رہا ہوں۔ سات سال پہلے الہ آباد یونیورسٹی سے ہم دونوں نے ایک ساتھ بی اے کیا۔ پھر وہ بنگلور چلا گیا اور میں پونا۔

گاڑی بان: تمہارے دوست کا وطن بنگلور ہے؟ نریندر بابو کو تو نہیں کہتے؟

ونے : ہاں اس کا نام نریندر ہی ہے لکھ پتی باپ کا بیٹا ہے مگر اب میں جو بنگلور پہنچا تو معلوم ہوا کہ اپنے کپڑے کی ملوں اور باپ کے وسیع کاروبار کو چھوڑ کر گاؤں گاؤں مارے مارے پھر رہے ہیں اور جنتا کی سیوا کر رہے ہیں، ہنہہ۔

گاڑی بان: جانے دو بابو کوئی اور بات کرو۔

ونے : کیوں بھئی تم کیوں بُرا مان گئے۔

گاڑی بان: نریندر بابو کے مجھ پر بڑے احسان ہیں۔ آج پچاس برس کی عمر میں، میں نے لکھنا پڑھنا سیکھا ہے، بیل گاڑی چلا رہا ہوں، پر ساتواں درجہ پاس ہوں۔

ونے : اچھا؟

گاڑی بان: سڑک کی دونوں طرف ان لہلہاتی فصلوں کو دیکھ رہے ہو، یہاں بنجر اور پیاس سے تڑپتی ہوئی زمینوں کے سوا کچھ نہ تھا کھیتی باڑی تو کھیتی باڑی ہے۔ گرمیوں میں جب پاس کی ندی سوکھ جاتی تھی تو چار چار میل دور جاکر عورتیں پینے کے لئے پانی لاتی تھیں اور کبھی جو بارش ہوتی تھی تو اتنی کہ ندی کا پانی آس پاس کے گاؤوں میں گھس آتا تھا۔ یہ زمیندار بابو تھے جنھوں نے رتن گڑھ، جام نگر اور ہری پور کے نوجوانوں کو اکٹھا کیا اور سمجھایا کہ وہ کس طرح گاؤوں میں ہر سال اور ہر موسم میں آنے والی آفتوں کا مقابلہ کر سکتے ہیں۔

ونے : نریندر نے ؟

گاڑی بان: ہاں بابو تمہارے دوست۔ نریندر نے گاؤں گاؤں جاکر لوگوں کو سمجھایا کہ وہ سب ایک ہوکر مل جل کر ایک خوشحال اور سکھی زندگی کیسے گزار سکتے ہیں۔ سب کو اکٹھا کرنے کے بعد انھوں نے سرکار سے مدد لے کر ایسی نہریں کھدوائیں جن سے زمینیں دور دور تک سیراب ہو سکیں نئے نئے کنوئیں کھودے گئے۔ گاؤں کے جو کنوئیں کم گہرے تھے انھیں اور گہرا کیا گیا، جب ہر موسم کے لیئے پانی کا بندوبست ہو گیا تو پھر انھوں نے کھیتی باڑی کے ماہر عہدے داروں کو یہاں کی زمینیں دکھائیں، بڑھیا بیج منگوائے اور کسانوں کو قرض پر جانور دلوائے۔

ونے : حکومت سے قرض لیکر جانور دلوائے ؟

گاڑی بان: ہاں بابو پھر جہاں جہاں ہو سکا نئی نئی کلوں سے ہل چلوایا، اچھی سے اچھی کھاد مہیا کی۔ یہ ہرے بھرے کھیت، یہ لہلہاتی فصلیں سب ان ہی کی وجہ سے ہیں۔ اناج کو ترسنے والے لوگ اب ہزاروں من اناج کا ڈھیر لگا رہے ہیں۔

ونے : بھئی واہ! نریندر نے تو تمہارے اس علاقے میں آکر ایک نیا جادو جگایا ہے، میں تو اسے بس ایک لاپرواہ کاہل اور کھلنڈرا نوجوان سمجھتا تھا۔

گاڑی بان : نہیں بابو یہاں کے کسان تو انھیں دیوتا کی طرح پوجتے ہیں۔ ان جیسا محنتی، سمجھدار اور ہمت والا آدمی تو غریبوں کی بھاگیہ سے ہی پیدا ہوتا ہے! رجلیں۔

(منظر: لال مورم کی سڑک کے کنارے ایک کچا مکان بنا ہے مکان کے باہر کے حصے میں ایک وسیع چبوترہ ہے۔ جس کے سامنے بان کی کھاٹ بچھی ہے۔ سڑک کے کنارے ایک بڑھیا آنکھوں پر ہاتھ رکھے دائیں جانب دیکھ رہی ہے پردہ اٹھتا ہے تو وہی بیل گاڑی جس میں ونے بیٹھا ہے آکر رک جاتی ہے۔ عقب میں دور کچھ کھیت نظر آرہے ہیں۔)

گاڑی بان : لو بابو یہاں سے ہری پور کی بستی شروع ہوتی ہے۔

ونے : اچھا بھئی میں اترتا ہوں بہت بہت شکریہ۔

(ونے گاڑی سے اتر کر کپڑے جھاڑتا ہے)

گاڑی بان : بائیں ہاتھ کی پگڈنڈی سے چلے جاؤ، بابو، چوپال کے پاس نکلو گے۔ چوپال سے سیدھی سڑک نئی بستی تک جاتی ہے نریندر بابو تمھیں وہیں ملینگے۔

ونے : (ہاتھ جوڑتا ہے) اچھا بھائی نمستے۔

گاڑی بان : نمستے نمستے بابو — (بیل گاڑی آگے چلی جاتی ہے)

بڑھیا : شہر سے آرہے ہو بیٹا؟

ونے : ہاں۔

بڑھیا : بہت تھکے ہوئے جان پڑتے ہو۔

ونے : ہاں تھک تو بہت گیا ہوں۔

بڑھیا ÷ میری ایک بات مانو گے بیٹا۔

دنے ÷ کیا بات ہے مائی۔

بڑھیا ÷ سامنے والا گھر میرا ہے۔ ہر سال آج کے دن میں صبح سویرے یہاں آکر کھڑی ہوتی ہوں۔ جو سب سے پہلا آدمی ہمارے گاؤں آتا ہے میں اُسے اپنے گھر لے جاتی ہوں۔ چلو میرے ساتھ کچھ کھالو۔

دنے ÷ کچھ کھالوں؟

بڑھیا ÷ ہاں جو کچھ بھی رُوکھا سوکھا میرے پاس ہے۔ آؤ۔ پھر جہاں جانا ہے چلے جانا۔

(بڑھیا کے پیچھے پیچھے دنے گھر کے اندر داخل ہوتا ہے)

(منظر ۳:۔ وہی سڑک کے کنارے بنا ہوا کچا مکان جو منظر ۲ میں ہے پردہ اٹھتا ہے تو کوئی نہیں ہے۔ ذرا سی دیر بعد دہنی جانب سے نلینی سادہ سفید ساری میں ملبوس داخل ہوتی ہے۔

نلینی ÷ ماں کہاں ہو تم ——؟

(نلینی کی آواز سن کر بڑھیا اور دنے گھر کے اندرونی حصے سے باہر آتے ہیں۔)

بڑھیا ÷ آگئی تو (دنے سے) میری بیٹی نلینی ہے۔

نلینی ÷ (ہنستی ہے) تو تمھیں آج کا مہمان مل گیا ماں۔

بڑھیا ÷ ارے یہ مہمان کہاں یہ تو اپنے ہی گھر والا ہے۔ میں شولاپور والی رادھا دیوی کا کبھی ذکر کرتی نا۔

نلینی ÷ ہاں۔

بڑھیا ÷ یہ انھیں کا لڑکا ہے دنے۔ ابھی باتوں باتوں میں پتہ چلا۔ پچھلے سال سورگ سدھار گئیں خیر تو بتا فتح نگر کی کیا خبر ہے؟

نلینی : بہت بری حالت ہے ماں۔ ہیضے سے دھڑا دھڑ مر رہے ہیں۔ نریندر بابو نے ڈاکٹر تو وہاں بھیج دیا ہے۔ شام میں سیوادل کے کچھ لوگ جا رہے ہیں۔ میں بھی ان کے ساتھ جاؤں گی۔

ونے : نریندر کہاں ہے اس وقت؟

بڑھیا : بیٹا! کہیں تمہیں لالہ ولبھ داس نے تو نہیں بھیجا۔

ونے : نہیں ماں گھبرائیے مت میں نریندر کے پتا کا آدمی نہیں ہوں۔ میں تو اسکے کالج کے زمانے کا دوست ہوں۔ روزگار کی تلاش میں ادھر آگیا ہوں۔ کہاں ملے گا نریندر؟

نلینی : ابھی تو وہ یہیں ہیں نئی بستی میں گھنٹہ دو گھنٹہ بعد فتح نگر کیلئے روانہ ہوجائینگے

ونے : اچھا ماں میں چلتا ہوں نمسکار۔ ہاں کھانا بڑا مزے دار تھا۔

بڑھیا : جیتے رہو بیٹا سدا سکھی رہو۔ کھانا پسند آیا تو میں روز دیا کروں گی۔ سچ۔

ونے : نہیں نہیں ماں میں نریندر ہی کے پاس ٹھہروں گا۔

بڑھیا : کبھی تو آؤ گے نا؟

ونے : کیوں نہیں ضرور آؤں گا (نمستے کرتا ہوا سڑک کی طرف چلا جاتا ہے)

(منظر: ٹین شیڈ کا ایک طویل دالان۔ ایک طرف لکڑی کاٹنے کی مشین لگی ہے۔ عقب سے بھی وقفے وقفے سے مختلف مشینیں چلنے کی آواز آتی ہے۔

پردہ اٹھتا ہے تو نریندر سادہ کرتے دھوتی میں ملبوس کھڑا مشین کو غور سے دیکھ رہا ہے۔

(داہنی جانب سے ونے داخل ہوتا ہے)

ونے : میں نے کہا نمستے۔

نریندر : (گھوم کر دیکھتا ہے) ارے ونے۔ تم کہاں بھئی واہ!

(نریندر وراندے سے اتر کر ونے سے بغلگیر ہوتا ہے)

نریندر : اُفوہ! کتنے برسوں بعد ملے ہو۔ یہاں کا پتہ کیسے چلا؟

ونے : چل گیا بس۔

نریندر : آؤ بیٹھو (ایک کرسی گھسیٹ کر اس کی طرف بڑھاتا ہے۔ اور دوسری پر خود بیٹھ جاتا ہے۔

ونے : میں بنگلور گیا تھا تمہاری تلاش میں۔

نریند : اچھا!

ونے : وہاں تمہارے پتا سیٹھ ولبھ داس سے ملاقات ہوئی۔

نریندر : کیا کہا پتا جی نے۔

ونے : ارے بھائی تمہارے پتا جی نے ہی نہیں تمہارے بھائی نے ماں نے سب ہی نے کچھ نہ کچھ کہا اور تو اور —

نریندر : اور تو اور —؟

ونے : میں خود بھی بڑی شکایتیں لے کر تمہارے پاس آیا تھا۔ لیکن یہاں پہنچکر...

نریندر : کیا ہوا یہاں پہنچکر......

ونے : سب بھول گیا۔ (دونوں قہقہے لگاتے ہیں)۔

نریندر : اور سناؤ کیا کر رہے ہو؟

ونے : کچھ نہیں۔

نریندر : کچھ نہیں؟

ونے : (لمبا سانس لیتا ہے) اب تم سے کیا چھپاؤں بے کار ہوں۔ اور بے کاری سے تنگ آکر ہی یہاں آیا ہوں۔

نریندر: بہت اچھا کیا جو یہاں چلے آئے۔ میں نے یہاں......

ونے: میں جانتا ہوں تم نے یہاں کی کایا ہی پلٹ دی ہے۔ سچ نریندر میں تو یہاں آکر حیران رہ گیا۔ بچے بچے کی زبان پر تمہارا نام ہے۔ دیوتا کی طرح تمھیں پوجا جاتا ہے۔ تم نے تو یہاں........

نریندر: خیر اس فکر کو رہنے دو۔

ونے: زرخیز زمینیں، ہرے بھرے کھیت، لہلہاتی فصلیں، چھوٹے چھوٹے لیکن خوبصورت گھر، صاف ستھرے راستے، اسکول کھیل کے میدان، میرا اپنا سارا جیون دیہاتوں میں گزرا ہے۔ مگر یہاں آکر ایسا معلوم ہوتا ہے کہ یا تو یہ گاؤں نہیں ہیں یا ہیں تو پھر کسی خوابوں کی دنیا کے ہیں۔

نریندر: تو پھر سوچنا کیا ہے رہ جاؤ اسی خوابوں کی دنیا میں۔ سچ قدم قدم پر مجھے یہ احساس ہوتا ہے کہ میں اکیلا ہوں مجھے کسی سچے اور اچھے دوست کی سخت ضرورت ہے پنچ سالہ منصوبوں کے تحت حکومت کی امداد کے باوجود مجھے یہاں اس علاقے میں بڑی آفتیں جھیلنی پڑیں۔ قسم قسم کے لوگوں سے واسطہ پڑتا ہے۔

ونے: اچھا؟

نریندر: ہاں کوئی تالابوں کی مرمت کو روکتا تھا تو کوئی نئے اسکول کھولنے کا مخالف

ونے: لیکن یہ تو خود ان کے فائدے کی چیزیں تھیں۔

نریندر: زمینوں اور سینچائی تک تو بات ٹھیک تھی مگر دواخانوں اور متعدی امراض کے خلاف ہم چلانے کے سب مخالف تھے۔ کیا بچے کیا بوڑھے کوئی ٹیکہ نہیں لگواتا تھا۔ دھڑا دھڑ لوگ مرتے تھے۔ مگر احتیاطاً وہ انجکشن کے نام سے دور بھاگتے تھے، سب سے زیادہ وقت تو مجھے بالغوں

کے اسکول کے قیام میں پیش آئی۔ بیشتر بوڑھے پڑھنے کو تیار نہ تھے کیونکہ ان کا بچے اور نوجوان مذاق اڑاتے تھے۔ پھر بھی میں خوش قسمت ہوں کہ میری محنت رائگاں نہیں گئی۔ آہستہ آہستہ سب کام بنتے چلے گئے۔

ونے : تم بڑے قسمت والے آدمی ہو بھئی۔

نریندر : لیکن میں نے اب تک جو کچھ کیا ہے میرے اپنے سوچے ہوئے منصوبوں کے مطابق بالکل آدھا کام ہے اور باقی آدھا کام......

ونے : اور آدھا کام؟

نریندر : ہاں ونے باقی آدھے کام کا بار تمھیں سنبھالنا ہوگا۔

ونے : تم نے اس علاقے میں چھوڑا ہی کیا ہے۔ ہر گاؤں کو ایک مثالی گاؤں بنا ہی دیا ہے مجھے تو ایسا محسوس ہوتا ہے کہ ہمارا دیش پھر نئے سرے سے کہیں جنم لے رہا ہے تو وہ ان دیہاتوں میں ہے۔ سچ تم نے ان دیہاتوں کو سورگ کا نمونہ بنا دیا ہے۔

نریندر : ابھی بہت کام ہیں میرے بھائی۔ ابھی ابھی میں نے آس پاس کے گیارہ دیہاتوں کے نوجوان کاریگروں کو فرنیچر بنانے کپڑا بننے چٹائی بنانے کی تربیت دینے کیلئے ٹریننگ سنٹر کھولا ہے۔ کچھ ہی دنوں بعد یہاں سے جو کاریگر نکلے گا حکومت کی تھوڑی سی امداد کے بعد اپنے پاؤں پر آپ کھڑا ہو سکے گا اور خود کاروبار کرے گا ___ اس طرف دیکھ رہے ہو ___ (بائیں طرف اشارہ کرتا ہے)

ونے : ہاں ___

نریندر : یہاں جانوروں کی حالت خراب ہی نہیں بدترین ہے اب بھی ایسے گھر ہیں جہاں جانور اور آدمی ایک ساتھ سوتے ہیں۔ میں چاہتا ہوں ان جانوروں کے رہنے کے لیے الگ الگ مقام بن جائیں افزائش نسل کے جدید مرکز قائم ہوں

ہر سال سینکڑوں جانور وبائی امراض کا شکار ہو جاتے ہیں۔ ان کے لیے ایک وٹرنری ہسپتال ضروری ہے۔

ونے : ہاں یہ تو ہے۔

نریندر : تم نے دیکھا ہوگا اس علاقے میں بانس کے بے حد درخت ہیں۔ ٹوکریاں، چٹائی اور کاغذ بنانے کے کئی گھریلو کارخانے کھولے جا سکتے ہیں اور دیہاتیوں کے لیے نئے روزگار فراہم ہو سکتے ہیں۔ بیرنٹی ہوم اور ایک بڑے ہسپتال کی بھی ضرورت ہے۔ جہاں مریضوں کو نہ صرف دوائیں ملیں بلکہ انھیں رکھ کر بھی علاج کیا جا سکے۔ یہ سب تمہیں کرنا ہوگا۔

ونے : مجھے؟

نریندر : ہاں تمھیں۔ بس اب تم یہاں رہو گے اور خود اپنے کہنے کے مطابق اک نئے ہندوستان کو جنم دو گے۔

ونے : (لمبا سا سانس لیتا ہے) ہاں معلوم تو ایسا ہی ہوتا ہے کہ شادی بیاہ کر کے مجھے یہیں بس جانا ہوگا۔

نریندر : اچھا یہ بات ہے کیا آتے آتے ہی کسی سے ملاقات ہو گئی۔ ایں؟

ونے : ہوں کچھ ایسی ہی بات ہے۔

نریندر : یار بڑے، خوش قسمت ہو کون ہے وہ؟

ونے : ہے ایک۔ تم تو یہاں سبھی کو جانتے ہو گے۔

نریندر : اوہو مگر ہے کون۔ یا نام بھی نہیں پوچھا اس سے۔

ونے : اس کا نام ہے نلینی۔

نریندر : نلینی ـــ وہ ـــ وہ جو سڑک کے کنارے پہلے گھر میں رہتی ہے۔

ونے : ہاں۔ مگر تمھیں کیا ہو گیا۔

نریندر: کچھ نہیں ویسے ہی ذرا ـــ کچھ سر میں درد سا محسوس ہوتا ہے۔

ونے: طبیعت ٹھیک نہیں ہے تمہاری۔

نریندر: نہیں نہیں، طبیعت تو ٹھیک ہے۔ چلو میں تمہیں نلینی کے گھر پہنچا دوں۔

ونے: پہنچا دوں ـــ ، کیا مطلب

نریندر: تمہیں خبر نہیں میں ایک ضروری کام سے دہلی پردیس جا رہا ہوں۔ اس وقت میں وہیں جانے کی تیاری کر رہا تھا۔ وین میں چلتے ہیں۔ اس طرف کھڑی ہے۔ میں تمہیں راستے میں نلینی کے گھر چھوڑ دوں گا۔

ونے: پھر لوٹو گے کب؟

نریندر: مجھے دیر ہو گی۔ اس مٹھ کے پیچھے جو چھوٹا سا گھر ہے میں ابھی تمہیں بتائے دیتا ہوں سمجھو وہ آج سے تمہارا ہے۔

ونے: کیسی باتیں کر رہے ہو؟

نریندر: ٹھیک ہے۔ ٹھیک ہے۔ آؤ جلدی کرو۔ وقت بہت کم ہے۔

(دونوں ایک طرف جاتے ہیں پردہ گرتا ہے)

(منظر ۱- وہی سڑک کے کنارے بنا ہوا کچا مکان جو منظر ۲ میں ہے پردہ اٹھتا ہے تو دہنی جانب سے ایک موٹر (وین) داخل ہوتی ہے اور نصف سڑک پر رک جاتی ہے جس سے ونے اترتا ہے۔ ونے کار کا دروازہ بند کر کے نریندر سے ہاتھ ملاتا اور نمستے کرتا ہے۔ پھر گاڑی آگے نکل جاتی ہے۔ ونے گھر کی طرف بڑھتا ہے کہ نلینی اور اس کی ماں گھر کے اندر سے باہر آتے ہیں۔

نلینی: نریندر بابو تھے؟

ونے : ہاں وہی مجھے یہاں چھوڑ گئے ہیں۔

نلینی : (گھوم کر) ماں۔

بڑھیا : کیا بات ہے نلینی

نلینی : (آواز بھرائی ہوئی ہے) ماں نریندر بابو نے گاڑی گھر کے آگے ٹھیرائی مگر وہ اندر نہیں آئے۔ (ونے کوٹ کی جیب سے سفید لفافہ نکالتا ہے)

بڑھیا : کیا ہے بیٹا۔

ونے : میں بھی نہیں جانتا ماں، شاید خط ہے۔ نریندر نے دیا ہے کہ میں آپکو دیدوں (نلینی خط لیکر کھولتی ہے)

بڑھیا : کیا لکھا ہے بیٹا ؛

نلینی : لکھا ہے ماتاجی آپ نے مجھے سدا اپنے بیٹے کی طرح چاہا ہے، ابھی ابھی مجھے تار ملا ہے کہ پتاجی کی حالت بہت خراب ہے میں جانتا ہوں، وہ کیا چاہتے ہیں۔ یہی کہ میں ان کی زندگی میں ان کی پسند کی ہوئی لڑکی موہنا سے شادی کرلوں آپ نے مجھے ہمیشہ بڑوں کا کہنا ماننے کا اپدیش دیا ہے۔ شاید بھگوان کو بھی یہی پسند ہے، میں بنگلور پتاجی کے پاس جارہا ہوں۔ نلینی سے کہئیے کہ وہ اپنے مقصد کو نہ بھولے جس محنت، ایثار اور تن دہی سے اب تک اس نے کام کیا ہے اسی طرح جاری رکھے، میری اور اپنے گاؤں والوں کی تعمیر میں ونے کا پورا پورا ساتھ دے، ونے میرا سب سے پیارا دوست ہے (سسکی لیتی ہے) میری ہر آرزو ونے کی آرزو ہے۔

بڑھیا : نلینی۔

نلینی : آخر میں لکھتے ہیں، ماں، ایک بار میں آپ کے چرن چھونے کیلئے ضرور

آدں گا مگر ساتھ ساتھ آپ کی بہو ہوگی موہنا۔

آپ کا بیٹا

نریندر

(عقب سے شہنائی کی گونج اٹھتی ہے)

(نلینی بڑھیا اور وونے سڑک کی جانب دیکھتے ہیں)

(پردہ گرتا ہے)

زحمت

افراد:۔ عندلیب .... منوہر۔
پہلا ملاقاتی .... دوسرا ملاقاتی۔

(دروازہ کھٹکھٹایا جاتا ہے)

(کچھ دیر بعد دروازہ کھولنے کی آواز)

منوہر: اوہ عندلیب۔ آؤ آؤ، تم نے اپنی یہ حالت کیا بنا رکھی ہے۔

عندلیب: رہنے دو جیسی بھی ہے (ہانپ رہا ہے) مگر خدا کے لئے سب سے پہلے دروازہ بند کردو۔

منوہر: آخر بات کیا ہے۔ کوئی پیچھا کر رہا ہے تمہارا؟

عندلیب: (ہانپتے ہوئے) ہاں۔ اُف۔

منوہر: کون ہے؟ پولیس؟

عندلیب: نہیں پولیس نہیں۔

منوہر: پھر کوئی قرض خواہ دشمن؟

عندلیب: نہیں کوئی قرض خواہ نہیں، کوئی دشمن نہیں، پہلے تم مجھے ذرا سا پانی دیدو میں سب کچھ بتاتا ہوں (گلاس میں پانی انڈیلتا ہے)

منوہر: یہ پریشان حال، چہرہ پر ہوائیاں، کوٹ کے بٹن نیچے اوپر، آخر یہ حلیہ کیا بنا رکھا ہے

اور بڑا ہنستا ہے) ایک پیر میں سلیپر اور دوسرے میں شوز۔۔۔۔

عندلیب : تم شوز اور سلیپروں کو دیکھ رہے ہو، ارے ظالم مجھے دیکھو مجھے۔

منوہر : آخر بات کیا ہے۔ کچھ کہو گے بھی یا یونہی۔

عندلیب : بات کیا ہوتی۔ آج چھٹی تھی کوئی کام نہیں تھا کوئی معروفیت نہیں تھی۔ کل دفتر سے واپس ہوتے ہوئے بڑے دنوں بعد میں نے دو تین رسالے اور ایک نیا ناول خریدا، ارادہ تھا کہ پر تکلف ناشتے کے بعد آرام کرسی پر بڑے آرام سے سگار سلگا کر ان رسالوں کا مطالعہ کروں گا لیکن ۔۔۔۔۔۔

منوہر : لیکن ؟

عندلیب : لیکن پتہ چلا کہ زندگی کی کوئی چھوٹی سی چھوٹی راحت بھی اپنی نہیں، ہر بڑی سے بڑی اور چھوٹی سے چھوٹی تکلیف ضرور اپنی ہے، مجھے آرام چیئر پہ پیر پھیلائے مشکل سے ایک منٹ ہوا ہو گا کہ ۔۔۔۔۔۔۔۔

(دروازہ کھٹکھٹانے کی آواز)

پہلا ملاقاتی : میں حاضر ہو سکتا ہوں ؟

عندلیب : تشریف لائیے۔ آئیے۔ میں نے آپ کو پہچانا نہیں۔

پہلا ملاقاتی : جی ہاں آپ مجھے نہیں جانتے، قاضی صاحب سے تو بخوبی واقف ہوں گے۔ وہ میرے خاص عنایت فرما ہیں۔

عندلیب : قاضی صاحب! کونسے قاضی صاحب آپ کا مطلب ہے اس بستی کی عقد خوانی کے لئے جن کو ابھی ابھی حال میں سرکاری طور پر احکام ملے ہیں

ملاقاتی : جی نہیں میں قاضی شریعت علی ابن المظفر حضرت زلف کے بارے میں عرض کر رہا تھا۔

عندلیب : او۔۔۔۔ زلف صاحب جی فرمائیے۔

ملاقاتی: آپ کے نام انہوں نے یہ خط دیا ہے۔

(کاغذ کی آواز)

عندلیب: (پڑھتا ہے) محبی عندلیب تم سے ملے ایک عرصہ گذر گیا۔ ہائے کیا زمانہ تھا۔ خدا جانے اب وہ ملاقاتیں پھر کب نصیب ہوں۔ خیر حامل ہذا میرے ہم زلف ہیں اور اپنی ملازمت کے سلسلہ میں سخت پریشان ہیں، معلوم ہوا ہے کہ ان کے محکمے کے کچھ ذمہ دار عہدداروں سے تمہارے کافی اچھے تعلقات ہیں۔ حامل ہذا کے لئے تم جو کچھ کروگے گویا مجھے اپنے احسانوں سے بن داموں خرید وگے، زیادہ کیا لکھوں، باقی باتیں بالمشافہ۔ یادگار ماضی۔ تمہارا قاضی۔

ملاقاتی: پسینے کی وجہ سے خط کچھ بھیگ گیا ہے۔ کوئی خیال نہ کیجئے گا۔

عندلیب: نہیں نہیں کوئی حرج نہیں، آپ کا اسم گرامی؟

ملاقاتی: بدنصیب کو میر محمد نصیب کہتے ہیں۔

عندلیب: نصیب صاحب آپ بے روزگار ہیں۔

ملاقاتی: جی نہیں خدا کا شکر ہے برسرِ روزگار ہوں۔

عندلیب: پھر قاضی صاحب نے یہ خط ....

ملاقاتی: جی میں واقعات عرض کرتا ہوں۔ میں عرصہ سات سال سے ایک بہت ہی چھوٹے قصبے میں پڑا ہوا ہوں۔ چاہتا ہوں کسی اور جگہ میرا تبادلہ ہوجائے۔

عندلیب: آپ شاید شہر پہ تبادلہ چاہتے ہیں۔ مگر جانتے ہیں۔ آپ، شہر پہ کسی کا تبادلہ کیا جانا کس قدر مشکل کام ہے۔ ہر شخص شہر آنے کی کوشش کرتا ہے کوئی دیہات میں رہنا پسند نہیں کرتا۔ جب سبھی اپنا تبادلہ شہر پہ چاہیں تو قصبوں اور دیہاتوں کے کام کس طرح سنبھلیں گے؟

ملاقاتی: اگر شہر پہ تبادلہ ممکن نہیں تو کسی اور قصبہ یا دیہات پہ ہی سہی۔

عندلیب: جب کسی اور قصبہ میں جانا ٹھہرا۔ تو آپ اسی قصبہ میں کیوں کام نہیں کرتے۔ جہاں سات سال سے آپ کام کر رہے ہیں۔

ملاقاتی: جی وہ کیا عرض کروں، شادی کے بعد حالات نے کچھ ایسی کروٹ لی ہے کہ اس قصبے سے تبادلہ ضروری ہو گیا ہے۔ خدا کے لئے مجھ پر رحم کیجئے۔ اور.....

عندلیب: بھئی آپ تو ایسے کہہ رہے ہیں جیسے کہ تبادلہ میرے ہی اختیار میں ہو۔ قاضی صاحب نے اس خط میں لکھا ہے کہ آپ جس محکمہ سے متعلق ہیں، وہاں کے کچھ ذمہ دار حکام سے میں واقف ہوں۔ مگر اب جو سوچتا ہوں تو مجھے ایک نام بھی ایسا یاد نہیں آتا جسے اس محکمہ سے متعلق سمجھوں۔

ملاقاتی: سیٹھ شنکر لال سے تو آپ کا کافی..... میرا مطلب ہے وہ آپ کے بہت قریبی دوست ہیں۔

عندلیب: ہاں شنکر تو میرے بہت قریبی دوست ہیں۔ لیکن وہ آپ کے اس محکمہ میں کب سے آ گئے۔

ملاقاتی: جی وہ تو نہیں، مگر اُن کے.......

عندلیب: اُن کے۔

ملاقاتی: اُن کے داماد کی بڑی بھاوج کے ماموں سب کچھ کر سکتے ہیں۔

عندلیب: شنکر جی کے (رک رک کر) داماد کی بڑی بھاوج کے ماموں.....

ملاقاتی: (خوش ہو کر) جی ہاں سب کچھ ان کے ہاتھ میں ہے اور وہ سب کچھ کر سکتے ہیں۔

عندلیب: یعنی میں شنکر لال جی سے کہوں گا۔ شنکر لال جی اپنے داماد سے۔

ملاقاتی: جی ہاں داماد اپنی بڑی بھاوج سے اور بڑی بھاوج اپنے ماموں سے..... وہ تو ان کے گھر کی ہی بات ہے زحمت تو آپ کو بہت دے رہا ہوں۔

عندلیب: (ٹھنڈا سانس لیتا ہے) زحمت کی ایک ہی رہی، نعیب صاحب زمانہ

کس قدر بدل چکا ہے۔ حیرت ہے آپ اس ترقی یافتہ زمانے میں بھی ایسی باتیں کر رہے ہیں جو آج سے شاید پچاس سال قبل ممکن ہوں تو ہوں مگر اب تو قطعی ممکن نہیں۔

ملاقاتی: ممکن نہیں؟

عندلیب۔ بالکل نہیں، قطعی نہیں، آپ کے محکمے کے ذمہ دار حکام کو خود آپ کی کارگزاری اور خدمت کا پورا پورا احساس ہے، میرا تو مشورہ آپ کیلئے ہمیشہ یہی رہیگا کہ آپ ادھر ادھر غلط قسم کی سفارشوں اور زحمتوں سے اپنا مقصد حاصل کرنے کی بجائے راست اُن حکام کے پاس درخواست دیں، ملیں اور اپنی مجبوریوں کا اظہار کریں جو تبادلے کے مجاز ہیں، وہی آپ کے حق میں کوئی فیصلہ کر سکیں گے۔

ملاقاتی: لیکن قاضی صاحب نے کہا تھا اگر آپ کو زحمت دی جائے تو......

عندلیب: قاضی صاحب نے کچھ ہی کہا ہو آپ تو ایک سمجھدار آدمی ہیں۔ ذرا غور کیجئے یہاں صرف میری زحمت کا سوال نہیں ہے بس شنکرلال جی نے کہوں۔ شنکرلال جی اپنے داماد کو زحمت دیں، داماد اپنی بڑی بھاوج کو زحمت دیں اور بڑی بھاوج..... اپنے ماموں کو......

ملاقاتی: جی ہاں ذرا سلسلہ تو لمبا ہو گیا ہے۔

عندلیب: یقین مانیئے اگر یہ سلسلہ انتہائی مختصر بھی ہوتا تب بھی میں مجبور تھا۔

ملاقاتی: مگر قاضی صاحب۔

عندلیب: قاضی صاحب کو میرا سلام کہیئے اور کہیئے کہ آپ کا مجتبیٰ سخت مجبور ہے وہ کچھ نہیں کر سکتا۔

ملاقاتی: کچھ نہیں (غصہ سے) بہت اچھا غلطی کی میں نے جو آپ کو تکلیف دی۔

عندلیب : جی بڑی غلطی کی، آداب عرض ہے۔

ملاقاتی : آداب عرض ہے (تیز تیز قدموں کی آواز)

(ٹیلیفون کی گھنٹی بجتی ہے)

عندلیب: ہاں، ہلو۔

آواز : عندلیب صاحب ہیں۔

عندلیب: جی ہاں میں۔

آواز : زحمت تو ہوگی ذرا انھیں بلوا دیجئے۔

عندلیب: میں خود عندلیب بول رہا ہوں، فرمایئے۔

آواز : اوہ عندلیب صاحب، آداب عرض ہے۔ میں گل ہوں۔ گل بہار پوری

عندلیب: آداب عرض ہے، آداب عرض ہے۔

آواز : ایک زحمت دینی تھی آپ کو......

عندلیب: (مری ہوئی آواز میں) زحمت!

آواز : جی ہاں کہنا یہ ہے کہ ...... اچھا سنیئے کوئی اور تو نہیں ہے وہاں میرا
مطلب ہے آپ اکیلے ہی ہیں۔

عندلیب: جی ہاں بالکل اکیلا ہوں فرمایئے۔

آواز : آپ میرے بڑے لڑکے کو تو جانتے ہیں نا۔

عندلیب: جی ہاں شاید کوئی حادثہ پیش آگیا ہے۔

آواز : جی نہیں کوئی حادثہ نہیں سب خیریت ہے۔ خدا خیر خواہانِ گل کو صدہا
سال سلامت رکھے۔ عرض کرنا یہ تھا اسی آپ کے خادم زادے نے اس
سال میٹرک کلاس کے کچھ پرچوں کا امتحان دیا ہے۔

عندلیب: بڑی خوشی کی بات ہے

آواز : لیکن مسرت کی تکمیل اس وقت ممکن ہے جب آپ ایک زحمت بھی فرمائیں۔ وہ زحمت یہ ہے کہ مسٹر منوہر وہی جو دوارکا پرشاد ہائی اسکول کے ہیڈ ماسٹر آپ کے نہایت دوست ہیں اور پڑوسی

عندلیب : جی ہاں، ہیں تو سہی۔

آواز : میرے لڑکے کو بوثوق ذریعہ سے پتہ چلا ہے کہ اس کے کچھ پرچے انہی منوہر صاحب کے ہاں آئے ہیں اور.....

عندلیب : اور ؟

آواز : اور یہی کہ آپ (کھسیانی ہنسی کے ساتھ) میرے اور آپ کے قدیم تعلقات کا ان سے ذکر کر دیں کم سے کم اتنا تو ہو جائے کہ لڑکا سکنڈ ڈویژن میں کامیاب ہو جائے، آپ چپ ہیں۔ ہلو.......

عندلیب : جی ——

آواز : آپ نے کچھ جواب نہیں دیا۔

عندلیب : یہی سوچ رہا ہوں کہ آپ کو کیا جواب دوں ۔

آواز : اوہ —— میں سمجھ گیا، شکریہ، دلی شکریہ۔ بھئی عندلیب، تم سے یہی امید تھی۔ دیکھئے لڑکے کا رول نمبر ہے۔ تین ہزار چھ سو ستاسی، تین، چھ، آٹھ، سات۔ جی

عندلیب : جی ہاں، تین، چھ، سات، آٹھ۔

آواز : اوہ، تین چھ سات آٹھ نہیں صاحب تین، چھ، آٹھ، سات، یوں تو بڑی گڑبڑ ہو جائے گی۔ آپ رول نمبر نوٹ فرمالیں اور دیکھئے وقت بہت کم ہے۔ آج مسٹر منوہر سے مل کر آپ یہ قصہ ختم کر دیں۔ رول نمبر نوٹ کر لیا آپ نے ؟

عندلیب : ہاں ہاں نوٹ کر لیا

آواز : کیا نوٹ کیا؟ ذرا سنا دیجیے تو۔

عندلیب : اوفوہ! جان چھوٹنی مشکل ہے۔

آواز : جی کیا کہا؟

عندلیب : میں نے کہا، تین چھ سات، سات

آواز : تین چھ، سات سات نہیں حضرت، تین چھ، آٹھ، سات، آپ تو لٹیا ہی ڈبو دینگے۔ ٹھہریے میں خود آتا ہوں یا اپنے لڑکے کو آپ کے ہاں بھیجتا ہوں آج چھٹی بھی ہے۔ منوہر صاحب بھی گھر پہ ہوں گے۔

عندلیب : آپ یہاں آ رہے ہیں؟

آواز : جی ہاں ابھی، ودفوراً خود آتا ہوں یا اپنے لڑکے کو بھیجتا ہوں۔ مسٹر منوہر سے آپ ملا دیجیے گا۔ زحمت تو آپ کو بہت دے رہا ہوں۔

عندلیب : سنیے سنیے، ہلو، خدا کے لیے خود آؤ نہ مجھے اس جنجال میں پھنساؤ۔ ہلو۔ بند کر دیا ظالم نے اُف۔

عندلیب : (ریسیور رکھ دیتی ہے)....... شاید وہ آ رہا ہے۔

منوہر : — آ رہا ہے۔ کون؟ کوئی بھی نہیں، خواہ مخواہ تمہیں تو وہم ہو گیا ہے مرد خدا، ذرا ہمت سے کام لو۔ اگر وہ گل بہادر پوری یا اس کا لڑکا اس دروازہ پہ آیا تو سمجھ لو بری طرح پچھتائے گا۔ میں نبٹ لوں اس سے۔ تم اطمینان رکھو......

(دروازہ کھٹکھٹایا جاتا ہے)

(پہلے آہستہ اور پھر زور زور سے)

عندلیب : لو وہ آ گیا — اب بھگتو اب نبٹو۔

منوہر : ہاں ہاں تم فکر مت کرو، میں دروازہ کھولتا ہوں۔

(دروازہ کھولتا ہے)

منوہر : کون! تین چھ سات آٹھ؟

دوسرا ملاقاتی: ج جی ہاں، تین چھ سات آٹھ۔ مگر آپ کو کیسے علم ہو گیا:

منوہر : میری بات چھوڑیے صاحب، مجھے تو ساری باتوں کا علم حاصل ہے۔ مگر تم یہ بتاؤ تمھارے علم حاصل کرنے کا یہ کونسا طریقہ ہے کہ اتنی بڑی عمر ہو گئی اور میٹرک جیسی معمولی جماعت کا امتحان دیتے ہوئے شرم نہیں آتی تمھیں

ملاقاتی: جی آپ......

منوہر : آپ آپ کیا کرتے ہو، اور پھر طرہ یہ کہ کامیابی کے لئے ادھر ادھر سفارشیں ڈھونڈتے ہو، تمھارا خیال ہے پرچوں میں لکھے ہوئے مواد پر نہیں بلکہ لوگوں کے کہنے سننے سے متعین نشانات بڑھا دیتا ہے، این:

ملاقاتی: ذرا آپ سنئے تو آپ کو بڑی بھاری غلط فہمی ہو رہی ہے۔

منوہر : غلط فہمی کیسی؟

ملاقاتی: یہی کہ نہ تو میں نے میٹرک کا امتحان دیا ہے اور نہ میں آپ سے کسی پرچے میں نشانات ہی بڑھوانا چاہتا ہوں،

منوہر : میں، میں سب واقف ہوں، تم نے نہیں تمھارے لڑکے نے دیا ہے اور کیا؛

ملاقاتی : جی نہیں آپ کو پھر غلط فہمی ہو رہی ہے، میرے تو کوئی اولاد ہی نہیں، میں تو ایک بس کنڈکٹر ہوں، آپ میرا لباس نہیں دیکھتے؟

منوہر : بس کنڈکٹر؛

ملاقاتی : جی ہاں بس کنڈکٹر یہاں سے کچھ فاصلے پر بس خراب ہو گئی ہے۔ معلوم ہوا تھا کہ آپ کے پاس ٹیلیفون ہے، میں چاہتا ہوں بس ڈپو کو فون کر کے دوسری گاڑی منگوا لوں۔

منوہر : دوسری گاڑی؟ اور وہ تین، چھ، سات، آٹھ؟

ازناتی : یہی تو اس خراب شدہ بس کا نمبر ہے، حیرت ہے آپ کو اسکا کیسے علم ہو گیا،
یہاں فون کر لوں۔ زحمت تو آپ کو ہو گی۔

منوہر : کیجئے صاحب کیجئے، شوق سے فون کیجئے ۔۔۔ بھئی عندلیب اب زحمت
دینے والوں نے میرا گھر بھی دیکھ لیا ہے ؎

اے عندلیب مل کے کریں آہ و زاریاں
تو ہائے گل پکار میں چلاؤں ہائے دل

(سازی موسیقی)

(فیڈ آؤٹ)